JN307738

京都の精神

梅棹忠夫

角川文庫
13946

文庫版のためのまえがき

大阪は京都に隣接した都市である。わたしはいま、その大阪の北の郊外に住んでいる。うまれそだった京都をはなれて三〇年以上になるが、そのあいだに大阪は万国博の開催など、ずいぶん活気にみちていた。それに対して、京都の町はなんとしずかなことか。それは全然うごいていないようにさえ見える。

一九五〇年代後半から、さまざまな機会をえて、わたしは京都について書いたり話をしたりしてきた。それらは一九八七年に角川選書として、『梅棹忠夫の京都案内』『京都の精神』『日本三都論――東京・大阪・京都』の表題で出版することができた（註）。わたしは、これらを世にだすことで市民精神作興運動をあおりたてようとしたのだが、保守的な京都市民たちはうごこうとはしなかったようである。

わたしが本書『京都の精神』を世におくりだしてから、すでに二〇年ちかい年月が経過した。となりの都市に住んでいるのだから、わたしはしばしば京都をおとずれる機会があるが、ほとんど目だった変化が感じられない。京都は、やはりチッタ・エテルナ（ときのうごかぬ都）なのだろうか。

わたしは京都の保守退嬰《たいえい》をなげいているのではない。むしろ、その都市としての成熟に安心感をさえいだいているのである。日本文明は、なお数百年は持続するであろう。そのあいだに日本の諸都市はめざましく変化するであろうが、京都の本質はあまり変わることなく、この国の伝統を代表する場所として、むしろ、しずかなる安定を保持しつづけてほしいのである。その点、京都はわたしの期待を裏ぎらないであろう。

二〇〇四年になって『梅棹忠夫の京都案内』が角川ソフィア文庫の一冊として出版された。それを契機に、わたしの京都に対するおもいもあらためて揺りうごかされたような気がする。その後『京都の精神』もおなじく角川ソフィア文庫にくわえたいというもうしでがあった。あたらしくなったこの二冊を手にして京都の未来をかんがえるとき、つぎの時代をになうわかい人たちにこそ期待したいものである。

二〇〇五年八月

梅棹忠夫

（註）これら京都論三部作は、のちに著作集に収録された。
梅棹忠夫（著）『京都文化論』「梅棹忠夫著作集」第一七巻　一九九二年一〇月　中央公論社

（文庫版におさめるにあたって、各項の解説はまとめて巻末にかかげた。
また、本文中＊でしめしたものは、最新の情報にもとづいている）

まえがき

京都人の思想について、おりにふれてはなしてきたものをここにまとめておくる。日本にはめずらしいことだが、京都のひとの心のなかには、ぬきがたい中華思想がひそんでいる。中華思想というのは、文字どおり、自己の文化を基準にして世界をかんがえるという発想である。「化外《かがい》の民」のみなさんには、ときには驚愕《きょうがく》すべき発想であり、ときにはこっけいでさえあるかもしれないが、京都にはこういう思想的伝統が存在するのは事実である。その立場からみれば、京都以外の地は夷狄《いてき》、野蛮の地である。ただし、中国においてもそうであるように、京都においても中華思想はけっして排他的ではない。この文化にしたがうものはすべてうけいれる。その意味では、中華思想は、愛郷心あるいはお国自慢とはまったくべつの次元のものである。

その意味において京都中華思想は、ひとつのイデオロギーである。わたしはさまざまな機会に、そのような京都中華思想の保持者のひとりとみなされ、意見をもとめられたり、論争をいどまれることも一再ではなかった。この書『京都の精神』は、約二〇年におよぶあいだに京都イデオローグのひとりとして発言してきたものをまとめたものである。

わたしはさきほど『梅棹忠夫の京都案内』という一書を世におくりだした。それは「京都案内」にはちがいないが、同時に京都イデオロギーの具体的・個別的解説というべきものであった。本書は、そのあとをうけての総括・理論篇である。この二冊はもともと一書として公刊するつもりであったが、分量のうえで二冊になった。ぜひともあわせておよみいただきたい。

本書の各項はそれぞれの機会に講演として発表したものであるが、ここに収録したものは、事前に用意されたオリジナル原稿を台本にして、それに速記または録音を参照した。それぞれの発表の時期については、各項のはじめの解説のなかにしるしてある。その解説および追記の項は、すべて一九八七年一月に執筆したものである。最後の項「私家版　京都小事典」は本書のためにあらたにかきおろした。

さまざまな機会に、わたしにこのような発言をする場をあたえてくださったみなさまに対してあつく感謝する。また、すでに出版されたもののなかから、ここに再録することを快諾していただいた各社に御礼もうしあげる。この本も最初に企画がもちあがってからすでに七年の歳月がながれている。その間、辛抱づよくまってくださった角川書店のみなさまにおわびもうしあげる。わたしとしては永年の筆債をかえすことができて、ほっとしている。

昨春以来、視力を喪失したままのわたしをたすけて口述筆記、原稿の訂正加筆など、本書の編集に守津早苗氏の全面的協力をえた。しるして感謝の意を表する。

一九八七年五月

梅棹　忠夫

京都の精神　目次

I　京都の未来像

未来をかんがえる

関西電力京都支店のかたから、「電気まつり」で「京都の未来像」と題して講演してほしいとご依頼がありました。確固たる方向をしめせるかどうかわかりませんが、日ごろ、京都の将来についてかんがえていることをすこしお話してみようとおもいます。

このところ、未来についての論議があちこちでなされております。毎日のように、どこかの雑誌が未来特集をしておりますし、放送におきましても特別番組をくみまして、将来の日本はどうなるであろうか、世界はどうかわってゆくだろうかと、さかんに論じあっております。つい一週間まえも、NHKテレビが放送記念日の特別番組として「日本の未来像」という一時間半におよぶ討論会を放送いたしました。会田雄次先生、京極純一先生、坂本二郎さんといった大学の教授や、政治家も出演して、大規模な世論調査の結果をもとに、未来の日本の姿を多角的な視野から論じあっておりました。きくところによりますと、視聴率もなかなかよかったらしい。未来に対する国民の関心がたかまっている証明でもありましょうか。

このような未来予測のこころみは、もちろんマスコミだけの専売特許ではありません。経済企画庁といった政府機関、あるいはさまざまな民間研究所もそれぞれ独自の立場から未来の日本をえがいて公表しております。二〇年後、三〇年後の日本は、今日の日本といったいどのようにかわった姿でわたしたちのまえにたちあらわれるのか。それはもう詳細な予測がなされているのです。

これらの論議を聞いたり、読んだりいたしますと、すこし気にかかることがございます。それは調査や論議が現実の日本、今日の生活や社会をふまえながらも、未来にはおもわずしらず希望を託してしまうのか、将来をバラ色にえがきがちであることです。将来においては現在の生活よりも充実した、満足のゆく人生をおくりたいという人間本来の願望がそうさせるのでしょうが、この点がすこし気にかかるのです。

あらためてかんがえてみますと、いまから二〇年まえ、第二次世界大戦直後のあの当時、わたしたちのなんにんが現在のゆたかな日本を予測しえたでしょうか。未来を予測するのはほんとうにむつかしいのです。

しかし、わたしはここで「未来論議など無意味だ」ともうしあげたいのではありません。将来にむかってこうしたい、そのために自分をこのようにしてゆこう、その姿勢は重要ですし、そうした意欲なくしてはものごとの進歩もありません。みずからの将来に託すおもいを、現実とてらしあわせながら可能性を追求する作業は、未来への希望という、ややもするとおもいだけが先行しがちな部分に、科学的な分析をもとにした現実的可能性をしめすという点で、たかく評価すべきことでありましょう。

ただ、その分析からえられる結論のたしかな部分は、その現実的可能性がしめす方向にむけて、みずからの現在をどの方向にかじとりしてゆくべきかということであります。この点をわすれてはなりますまい。

京都はどうなるのか

では、このような態度で将来をかんがえると、京都の未来はどのようなことになるでしょうか。ここでは、何年後と限定することなく、京都はどういう方向にかわってゆくのかをかんがえてみましょう。そのためにまず、京都の現実をおさらいしておくことにいたします。

わたしの体験でいいますと、少年時代、京都は人口において、六大都市のうちで東京、大阪についで第三位でありました。江戸時代以来の京、大坂、江戸の三都の地位をたもっていたのです。ところが中学校のころ名古屋にぬかれてしまい、京都は第四位に転落いたしました。子どもごころにショックでありました。三都だったのが京都は第四位になってしまった。そうこうしているうちに、こんどは横浜にもぬかれてしまった。横浜は幕末の黒船による開港以降、都市として成長をはじめた町です。そんな新参の都市にも京都はぬかれてしまった。これもショックでした。京都はいまのところ日本の大都市のなかで第五位*の人口になっています。この調子だと神戸や北九州などにも追いこされて、順位はつぎつぎとさがり、一地方都市になってしまうのではないかという、すこしくらい気もちになってしまいます。

しかし、都市は人口だけでその存在価値がさだまるのではありません。内容が問題です。一〇〇万もの人口をかかえて、その都市はどのような性格と内容をもった都会なのか、そこが問題なのです。京都はもちろん王城の地、帝都であり、建都以来、千年をこえる日本の首都であります。京都ということば自体、「京」も「都」もミヤコを意味しています。むかし、他郷のひとはみな、一生に一どでも京都にのぼることを夢としておりました。ところが明治維新になりまして、さあこれからというときに、天皇は江戸へゆかれました。「ちょっといってくる。すぐかえるからね」といった風情で江戸へ行幸《ぎょうこう》された。しかし江戸は東京とあらためられて、政府の機関はみな京都から東京へうつってしまい、天皇はもう京都へはかえってこられなかった。京都の市民はだまされてしまったのです。遷都令はいまだでておりません。ですからいまでも日本の首都は京都です。しかしそれは実質をともなわない架空の首都なのです。このように京都の近代は最初からまことにきびしいかたちではじまりました。維新後数年のうちに、七万と称されていた京都の戸数は一万ほども減少し、人口も三三万人が二四万人になったといいます。

ここから京都の近代はスタートし、くるしみながら琵琶湖疏水《びわこそすい》をつくり、日本初の水力発電所を建設し、市街電車をはしらせるなど、必死に近代化にとりくみ、みずからの変革をなしとげてきました。わたしたち京都市民の今日の生活も、先人たちのこうした努力なくしてはありえないことでしょう。

＊　二〇〇五年七月一日現在、人口一四七万人、日本第七位である。

儀典都市の可能性

ここ一世紀のあいだ、京都ではさまざまな京都改革策がとなえられてきました。そのいくつかは実現し、京都市民の生活を充実させております。まだ実現しておりませんが、天皇還幸論も幾度かとなえられました。天皇に京都へおかえりいただき、名実ともに京都がふたたび王城の地となり発展することをねがった献策であります。

この還幸論あるいは実質的な還都論は、戦後にもとなえられております。政治的にも経済的にも、東京にばかり集中するのはよくない、首都機能と王城機能とを分離して、京都へ天皇におかえりいただいて、日本の王都として京都に機能をわけてはどうかというものです。わたしもとなえております。天皇陛下に京都にかえっていただく。年間をとおしてがむりなら、一年のうち数カ月間でも京都にご滞在いただいて、各国大使の信任状奉呈式などは京都でなさってはどうか。各国の政府高官のかたがたは、日本にこられると、みなさん京都にくることをのぞまれる。京都はやはり世界にむかって日本を代表する都市なのです。この京都で陛下に儀典的な行事をしていただくのは、日本のためでもあるし、京都市民がのぞんでいることでもある。京都を儀典都市としてかんがえてみてはどうか。その条件が京都には、歴史的にはもちろん物理的にもある。概略このような提案なのです。

発表いたしましたら、京都のかたがたからは共感の声があがりました。しかし、京都のそとではあまり共感をもってむかえられなかった。いや、ほとんど無視されてしまったのです。この調子でゆきますと、つぎの御大典は京都でなされるのかどうか。旧皇室典範では即位礼は京都でおこなうと明記されておりました。しかし戦後にさだめられた新皇室典範では、即位礼をおこなうべき場所の規定ははぶかれているのです。いささか心配な気もちもおこってまいります。

古都保存法

こういう気分でおりますとき、ことし（一九六六年）にはいりまして古都保存法、正確にいいますと「古都における歴史的風土の保存に関する特別措置法」というのだそうですが、この法律が公布され、京都もこの法律の適用をうけるときききました。これにはわたしもびっくりいたしました。中身はともかく、京都を「古都」とはいったいどういうことか。奈良が古都というのはわかる。しかし京都は古都ではない。一〇〇万をこえる人口をかかえ、近代的変革をとげ、日々発展しつつある都市なのだ。それにむかって古都とはなにごとぞ、とまずおもったのです。くわえて、鎌倉もこの古都の仲間いりをするとしって、これまたびっくりいたしました。鎌倉はかつて幕府の所在地ではあったけれども、一どたりとも都であったことはない。その鎌倉が古都の仲間にはいるとは。京都を鎌倉のような、一時期、幕府所在地であったにすぎない都市といっしょにしてもらってはこまる。京都は王城の地なのですから。だいたい、さきほどもうしましたように、京都は現代的な大都市なのですから古都ではない。この法律の公布はほんとうにショックなことでありました。

こうした感情的な反発だけでなく、わたしがこの法律に対して危惧《きぐ》しておりますのは、この古都保存法は京都の未来像について、ひとつの解答をつきつけているからなのです。この法律の実際の効果は今後の問題としまして、イメージとしてこの法律は「古都を保存する」ことを目的としております。では、京都を保存するということはどういうことを意味するのか。歴史的建造物や遺跡を保存するのは当然ですし、その必要もある。京都は歴史的記念物が随所にあることも事実です。それらを破壊からまもり、維持して後世につたえようというかんがえもただしいでしょう。しかしそのことと京都全体を保存してしまおうということはむすびつかない。

保存するということは、いわば現状を冷蔵庫にいれて変化しないようにしようということですから、京都を保存するということは、京都全体を巨大な冷凍庫でおおって凍結してしまおうということにつながります。そうなった場合、ここ京都にすまいするわたしども京都市民はいったいどうなるのか。建物の保存は別にしても、わたしたち市民の生活まで保存されるのはご免こうむりたい。わたしたちは現代生活をいとなみ、まだまだ発展いたしたい。われわれまで歴史的記念物にされるのはかなわないとおもうのです。

京都は観光都市か

この歴史的記念都市というかんがえは、じつは観光の問題ともからんでおります。京都市民のかたがたはそれほど意識されないのですが、京都は観光都市であるというかんがえは、全国的にかなり普及した見かたなのです。このごろ全国から年間一五〇〇万人*をこえる観光客が京都にきております。たしかに京都は全国有数の、観光産業が発達した都市でもあります。

しかし京都は、奈良や鎌倉のような観光産業主体であとはなにもないという都市とはちがい、現代的な商工業都市なのです。約一四〇万**をかぞえる京都市民の大多数は、観光以外の産業分野ではたらき生活しております。それらの産業が京都の経済、わたしどもの生活をささえているのであって、観光産業は京都経済のうちで、五分《ぶ》からせいぜい一割弱のわりあいをしめるにすぎません。その観光産業のためにわたしたち京都市民が冷凍保存されるのは、いささかなっとくがゆきません。こうした点が東京をはじめ他都市のひとには理解されていない。古都保存法の問題はこういうところにあるのです。

観光・産業・文化などのバランスをかんがえますと、大阪や名古屋といった都市はいちじるしく工業にかたむいて、バランスをうしなっているといえましょう。こうした都市は工業化を一心にすすめ経済力はついたけれども、文化的にはひどくたちおくれている。いっぽう、京都はどうか。全国のどの都市とくらべましても、均整のとれた都市であるとおもいます。都会人が必要とし、地方人があこがれるものが、いちおうそろっております。はたらくにも、あそぶにも、ゆたかな生活を物心両面にわたってささえる素材にこと欠かないのが京都という都市がもつ特徴です。こうしたバランスのとれた都市は全国さがしても、そうたくさん存在はいたしません。といいますのも、こうしたバランスのとれた都市というのは首都型の都市だからなのです。ですから京都は唯一、東京と肩をならべる、都市的生活ができる都市ということができます。

東京にも観光スポットはおおく、多数の観光客が東京にまいりますが、東京を観光都市とはよびません。そうよぶにはむりがあるからで、京都もその点おなじなのです。現実的にかんがえましても京都市民一四〇万を観光収入だけでなりたたせることはできないし、将来的にも不可能です。まして京都の観光は過去の遺産が客をよんでいるので、とおからず観光客の増加にはかげりのでる時期がまいりましょう。国際観光都市をめざしましても、日本はイタリアとはちがい、地理的にかんがえても、今後京都が国際観光都市としておおきく飛躍することはかんがえにくいのです。京都の未来を観光に託するわけにはゆかないのです。

* 二〇〇四年の年間観光客数は四五〇〇万人をこえた。

** 二〇〇五年七月一日現在、人口一四七万人。

「文化」を売る時代

では京都は将来どの方向にむかうべきでありましょうか。産業都市京都なのです。それも「他都市にならって大工業都市としてうまれかわろう」とするのではありません。第一、京都は大工業都市としての条件をそなえてはおりません。地価はたかく、かぎられておりますし、水や動力を多量につかう大工業に京都はむいておりません。くわえて大工業は、すでに北九州、水島、堺《さかい》、四日市《よっかいち》といった全国各地の工業都市に例がありますように、公害などさまざまな深刻な問題をかかえております。京都のように内陸でせまい盆地に大工業はそぐわないのです。

「保存」はねがいさげにしたい、観光だけではなりたってゆかない。では京都は伝統産業と、明治からの小規模工業の延長線上にしか活路はないのでしょうか。じつは京都には他都市が容易にまねのできない分野があるのです。それは文化です。

従来「文化ではくえない」というのが一般的な定説でした。「ウタ（歌）をつくるよりタ（田）をつくれ」といわれ、文化人は非生産的なもの、というかんがえをだれもがもっておりました。文化をこころざすのは穀《ごく》つぶしというニュアンスをふくんだことさえあります。しかし、このかんがえは、よく検討してみますとまちがっていることがわかります。そもそも「ウタをつくるよりタをつくれ」ということわざは、ウタは売れないという前提にたっており、農業による、より確実な収穫をもとにしたかんがえかたからきております。

しかしながら、ウタがたかく売れたらどうなるでしょうか。状況は逆転いたします。そして、文化を売ること自体、都市でなくては、それも文化的蓄積のある都市でないとできません。物質的にゆたかになった今日、それを可能にする状況がととのいつつあるとわたしはかんがえております。

日本は明治以降、農業優先から工業優先へとかじをとり、これまで発展してまいりました。現在では日本の工業力あるいは経済力は欧米諸国の水準にちかづき、あるいはおいこしつつあります。欧米諸国とともに日本も物質的な需要がみたされつつある今日では、あたらしい方向として、文化重視のうごきがでてまいりました。将来は知識の時代、情報の時代、あるいは文化の時代になるといわれております。情報や文化が産業として成立し、経済のおおきな一分野となることが予測されているのです。しかし、情報や文化が産業として成立するとはどういうことなのでしょうか。

これまで物は機能重視でつくられてまいりました。衣食住すべてそうです。着られればよい、食べられればよい、住めればよい。すべての商品にはこうした人間の基本的欲求をみたす条件がひそんでおりますが、これまでの物品はそれを前面におしたてて機能重視の製品としてつくられ、売られてまいりました。近代日本の工業は、現在その点で欧米にちかづきつつあるのです。しかし、物的な欲求は一定の水準に達しますと壁にぶつかります。人間は物的な欲求のみで生きているわけではないからです。物的要求をみたしつつ精神的な欲求をもみたして、物心両面のバランスをもとめるのが自然のながれであります。衣服を例として具体的にご説明いたしましょう。ものが不足している場合、着てさむさなどふせげれば、少々色が自分にあわなくても買いもとめます。しかしある程度必需品がそろってゆたかになりますと、自分にあった色や柄などをさがしはじめます。自分の欲求にあわない服は買わなくなるのです。この時点でデザインや色彩のよしあしが、商品の売れかたにおおきく影響をおよぼすようになります。現在、大衆消費がそうした時代にはいりつつあるのです。欧米や日本もそうした水準にちかづきつつあるといってよい。

文化産業都市　京都

こうお話すると、みなさんは「なんだ、そんなこと京都は商売としてとっくにやっている」とおかんがえかもしれません。そのとおりです。西陣《にしじん》にいたしましても、ご婦人が買うのは布地ではなく、そのうえにくわえられた色や柄なのですから。

歴史的に京都のかなりの産業分野が、こうした文化的加工をへた商品を市場におくりだしてまいりました。その点で京都は日本では希有《けう》な文化産業都市ともうしてよろしいでしょう。ただ、京都のそれはいささか時代がかったものがおおい。現代人の生活に適応した商品ばかりではないのです。これからさき、日本も文化時代にすすんでまいりましょう。そうした時代に適応した文化商品をうみだせないか。それをもとに京都のあたらしい文化産業が成長しないだろうか。わたしは京都の文化的・技術的力をもってすれば、明治初期に京都の市民がくるしみながらもりっぱに近代化していったように、不可能なことではないとおもうのです。

また、情報、文化の時代には、情報や知識そのものが商品となってひとつのおおきな情報産業の分野として成立します。現在でも新聞は新聞紙でなく印刷された情報をわたしたちは買っているのですが、将来においてはニュース、あるいは歌謡曲のような娯楽情報だけでなく、より基礎的な情報、たとえばさまざまな調査統計情報や分析された情報が、現在よりも充実拡大して流通にのってゆくでありましょう。教育や教養あるいは宗教とよばれる分野も拡大こそすれ、縮小することはありません。それは、物的生活の充実と労働時間の短縮が、自由時間をもたらし、その時間のすくなからぬ部分が精神的充足のためにあてられるようになるからです。

この点においても京都はながい伝統をもっております。宗教は各宗派の本山のおおくが京都にありますし、茶道や華道はいうにおよばず、おどりや書道といったならいごと、いわゆる教養情報にたずさわる職の人びとが京都にはおおぜいおられます。教育にしても京都は京大、同志社、立命館をはじめ、大学の数、先生の質のたかさにおいては、東京とならぶ高等教育都市としての性格をもっていることはご承知のとおりです。

こうした京都の文化産業の側面に注目し、現代への適応をつねにこころがければ、京都は東京に対比できる文化産業都市として、あたらしい時代の都市に脱皮できましょう。この点を充実することが京都新生の道であるとわたしはかんがえているのです。

また、この文化、知識のレベルにおいては、京都はじゅうぶん国際化する力量をそなえております。京都国際会議場がことし開館*しますが、国際的な会合をもよおす設備もととのいつつあります。これらのすでに京都がもっている文化的側面を利用し、現代的にかえてゆきさえすれば、京都はまたあたらしい都市の姿をわたしたちのまえにしめしてくれますし、その京都にすむわたしどもの生活もあたらしい段階へすすむことになるでありましょう。

現在、わが国はとうとうと工業化への道をあゆんでいるようにみえますが、いまや事態はおおきくかわろうとしているのです。京都はやみくもに工業化の道をあゆむべきではありません。それよりも、京都が本来もっている文化的特性をいかして、ちかい将来、実現するであろう文化の時代、情報の時代にむけて、京都の現代化、未来化にとりくむべきであります。なまじ他都市と工業労働人口をきそうより、そのほうがよほど賢明な態度だとおもうのです。

きょうは関西電力主催の講演会ですが、電力の話はほとんどできませんでした。情報の時代、文化の時代になりましても、裏方としての電気の重要性はすこしも減少するわけではありません。工業の時代にもまして、電気はますますその威力を発揮するとかんがえております。そうもうしそえてお話をおわらせていただきます。

＊　京都国際会議場は一九六六年五月に開館。

II　京都と観光産業

はじめに

きょうは「七〇年代の観光京都のビジョン」という題をいただいているのですが、正直のところ、どういうことをお話してよいのか、もうひとつよくわかりません。じつは、とくに京都の観光についていうまえに、わたしは日本の観光産業あるいは旅行産業一般のありかたに対して、いろいろ批判や不満をもっているのであります。

しかし、きょうは京都のみなさまがたのおあつまりでございますので、そういう一般的な話はもうしあげないでおこうとおもっていたのです。

ところが、さきほどから市会議員の末本徹夫さんとお話をしているうちに、「きょうは観光産業・旅行産業の関係のかたがたくさん出席しておられるから、告発をやれ」という扇動をうけましたので、おもいなおして、そういうことをすこしもうしあげてみることにいたします。

京都は観光都市ではない

じつはわたしは、先祖代々の京都人でございますので、そういう立場から、まず、きっすいの京都人というものは京都の観光をどのようにみているかということを、若干もうしあげてみたい。

かんたんにいいますと、京都の一般市民というのは、観光に対しておおむね冷淡であるともうしてよいかとおもいます。観光というものは要するに京都市民以外のひとを相手にしたものだ、ということなのです。

京都市民は観光なんかとは無関係なところで自分たちの生活をもっている。むかしから「おのぼりさん」ということばがありますが、よそから京都へこられるのはすべて「おのぼりさん」なのです。これは、どんどんおいでになればよろしい。それはけっこうですが、市民とは関係ない。市民と関係のないところをすっととおってゆかれる。それでおしまいで、市民のなかにはいってほしくもないし、じじつ、はいれるものでもない。おのぼりさんはおのぼりさん、市民は市民としてべつの生活がある。そういうかんがえかたが、京都人の観光に対する態度の基本になっているとおもいます。

これは、たとえばパリ市民などの態度とひじょうにちかい。たくさんの観光客がパリへやってくる。しかし、それとパリ市民の生活というものはなにも関係がない。どうぞとおりすぎていってください、というふうになっている。パリ人の生活というものは、ちゃんとべつにあるわけです。

じつは、地方のかたの印象では、京都は観光都市だというようにかんがえておられることがおおいのですが、これは、まったくのまちがいです。わたしどもはむしろ、京都が観光都市だといわれることにたいへんつよい反発を感じます。「京都は観光都市ではございません」と、わたしはいつもいっています。なるほど観光客はたくさんこられるかもしれませんが、京都は観光でたべている町とはちがいます。京都を観光都市あつかいにされることは、はなはだ迷惑なのです。

観光ではくえない

さきほど京都市の担当のかたにうかがいましたところ、京都市民の総収入のうちで、観光関係収入は一割とすこし*だということです。ただしそのなかには、旅館、交通、飲食店というようなものの全部をふくめていますので、厳密にはこのすべてが観光収入だとはいえません。

以前わたしは、六パーセント程度ということをきいておりましたが、そのころにくらべますと、いくらかはふえているようですが、かけ声ほどにはいっこうにふえていない。これは今後も、もうあまりふえる見こみがないように、わたしはみております。いわゆる観光客の数はふえましても、あまり収入にならない。お金をおとさないのです。素どおりの、日がえり客というのがふえるばかりなのです。

ほかの産業ののび率にくらべて、観光産業がのびるという点についての楽観的材料は、どうもあまりないのではないか。まして一四〇万市民**が、観光でたべてゆくなどということは、おもいもよらない。そういう点からいいましても、京都が観光都市になる可能性はありません。やっぱりほかのことをかんがえなければだめなのです。

観光そのものはけっこうなことです。けっこうですけれども、京都は観光都市になれないということは、はっきり覚悟をきめておいたほうがよい。もし京都が観光都市であるとすれば、東京も観光都市です。東京が観光都市といえるならば、京都もおなじような意味で観光都市だといえるかもしれない。

都市の産業構成の型からいいますと、大阪、神戸、名古屋なんかと京都とは、ひじょうにちがいます。わりにいろいろな産業のバランスのとれた形態の都市で、いちばんかたちがちかいのは東京です。いわばこれは、首都型の産業構成をもっている。京都は、もともと首都であったわけですから、いまでもその性質がしっかりとのこっておりまして、首都型の産業構成をもっている。

たとえば商業、サービス業、運輸交通業、それから製造業、そういうもののバランスがうまくとれている。京都はそういうタイプの町なので、こういう町を観光都市ということはまちがいです。もちろんそうとう観光的要素をもっていることは事実ですけれども、観光ということをもってこの町を性格づけすることはできない。そしてまた一般市民も、今後の京都は観光をもってたたなければならないなどとは夢にもおもっていない。観光などということは、京都市民にとっては、将来を託するにたるものとは、まったくかんがえていないのです。

＊　二〇〇四年、京都市の市内総生産に対する観光消費額の割合は、七・五パーセントである。

＊＊　二〇〇五年七月一日現在、人口一四七万人。

観光公害

観光ではくえないともうしましたが、見かたによると、もう一歩をすすめて、観光は損だというかんがえかたもでてきます。観光産業は、京都にとってマイナスだというわけです。

京都市民の意に反してジャーナリズムや国鉄などの宣伝がききすぎたせいか、とにかく観光客は、どんどん京都へやってきます。あまり金にはならなくても、数だけはたくさんやってきます。年々、千数百万人の観光客が京都になだれこんでいるのです。そして気がついてみると、京都のそうとうの部分が観光客、すなわち市民以外の人たちによって占領されているのです。市民はそれら観光客のために、犠牲になっている面もでてきているのではありませんか。

ほかの都市でそういう状態になりつつある例は、おとなりの奈良がそうでしょう。奈良は、ひどい言いかたですが、市民不在の都市だなどといわれています。奈良市においては、奈良市民はもはや問題ではないので、もっぱら奈良以外の都市からくる観光客のためにことがはこばれてゆくことになります。とくに日曜日なんてたいへんなラッシュです。市民の数よりも、そとからやってきたひとの数のほうがはるかにおおい。若草山、奈良公園は、まえからそれでこまっているのです。

たとえば警官の数などは、住民の数からわりだして配置されている。ところが現実には、日曜日なんか市民を何倍もうわまわるひとがよそからはいってくるわけでしょう。それの交通整理をするにしても、警官の数がたりないわけです。そとからやってくる観光客はたくさんくるけれども、案外お金はおとさないで、ゴミだけはどっさりおとしてゆく。奈良は近畿の諸都市のなかでも市民税がたかいことではむかしから有名なようですが、市民は税金だけはたくさん負担して、もっぱらそとからの観光客のために奉仕をしいられる、というようなことになっているようです。それではなんのための都市かわかりません。

京都だって、そういう状態におちいらないともかぎらない。いや、現実にすでにそういう状態におちいっているのではないでしょうか。

わたしどもは、京都にあるさまざまなうつくしい場所、しずかな寺とかお宮とか、そういうところで少年時代をおくったわけですが、むかしは郊外にもずいぶんうつくしいところがたくさんあった。しかし、今日いってみると、はっきりいいまして、みる影もなくなっている。それはもう無残なことになっております。しずけさも、情緒もない。ただワヤワヤと観光客の群衆がうごいているだけのことであって、あのむかしのうつくしかった京都は、いまやどこにもないということになってきている。

これは、わたしども京都にそだった人間としては、一種の故郷喪失といいますか、わが庭をあらされたというのが実感でございます。まあ、これだけの観光客がくることによって、だれか一部のひとが、どこかでいくらかはもうけているかもしれませんが、その背後には、おもいでをうばわれ、生活をあらされた多数の市民がいるわけです。これら住民のうしなったものは、もうとりかえしがつかない。それはいったいだれが補償してくれるのでしょうか。

金はおとさずにゴミはおとすというくらいならまだましなので、ご承知のように、観光客というものは、まったく行儀のわるいものです。庭はふみあらす、木は折る、建物には落がきをする、品物には傷をつける、とにかくひどいことがおこります。これらの観光資源の保守と保全ということをかんがえると、観光というものは、社会的にはじつは大赤字かもしれない。そういう直接的な損害のほかに、よそから京都市に殺到してくる観光バスや自家用車の大群、そのまきちらす排気ガスによる損害などをかんがえると、どうなりますか。空気はよごれ、市民は健康をそこない、マツの木はかれる。まったく観光公害です。社会的費用を計算にいれると、観光産業というものは、まったく損ばかりかもしれない。

＊　二〇〇四年の年間観光客数は四五〇〇万人をこえた。

観光産業のかんがえなおし

戦後の京都のうごきをふりかえってみましても、ある意味で観光産業がすこし独走した気味がある。一時は、京都市は観光でたつのだというようなかんがえもありまして、しきりに観光をいった時代もあります。その時代にはそれで意味もあったのですが、その後どうもほかの産業との関連もあまりかんがえず、観光ばかりが独走した気味がある。

これはたいへんまずいので、京都という都市がもっている現代における意味といいますか、日本文化のなかにおける役わり、あるいは世界における京都の立場というようなものをじゅうぶんにとらえて、その一環としての観光産業というものをかんがえてゆかなくてはいけないのではないか。いままでほかとの関連、バランスのことをあまりかんがえていなかったのではないかとおもうのです。

京都はもちろん重化学工業都市としては発展の見こみがほとんどない町で、こんなところで工業をさかんにしたら公害ばかりおおくなって、どうにもなりません。市の金庫にすこしくらい固定資産税がはいって、市民もいくらか就労場所ができるかもしれませんが、おおきい目でみたら、けっきょくはひどくたかいものにつきます。それで、工業化にかわって観光化ということがかんがえられたのですが、その観光が、工業とおなじような意味で、公害をもたらし、けっきょくはたかいものにつくとしたら、これではまったくぐあいがわるい。

戦後の観光奨励政策のおかげで、京都にずいぶん観光客がくるようになりましたが、もはや、よろこんでばかりはいられない。このままいったら、観光公害で京都は荒廃しはてるのではないかということです。なんとかして観光というものをやめる方法がないか。そんなことをいったら、観光産業関係のみなさんにおこられますけれども、正直なところそういう感じもしないではない。

そうはいっても、どんどん観光客はくるわけですから、くるという現実をふまえて、それで観光公害がおこらないように、なにか基本的なところでかんがえなおさなければならない時期にきているのではないかと、わたしはおもいます。

観光と文化

工業だめ、観光だめ、ということになれば、それではいったい、京都の将来はどうなるのかといいますと、わたしはけっきょく、文化だとおもうのです。観光ということも、観光だけが独走するのではなくて、文化全体のなかでかんがえてゆかなければならない。

むかしから、京都には文化観光都市というい いかたがあり、京都市には文化観光局*というものがございます。きょうのこのあつまりも、文化観光局のきもいりとうかがっておりますが、この文化観光局という名まえ自体が、よくかんがえてみると、ひじょうに奇妙なものかもしれません。文化と観光と、ふたつがならんでくっついている。くっつくはずのないものが、くっついている。

じつは、文化と観光というものはしばしばあい反する概念で、正反対のことがおおいのです。だいたい観光というものは、現状においては文化をぶちこわす役をする場合がおおいので、文化をこわせば観光になり、文化をたてようとすれば観光は遠慮してもらわなければならんという、あい反する面がしばしばでてきます。わたしどものように、ある意味で文化のほうの仕事に従事している人間からいいますと、観光は敵だという見かたもできないわけではない。観光みたいなものはご免こうむりたい。観光はどうぞねがいさげにしたいというわけです。京都はほかにいくらでも生きる道がありますから、もう観光をさかんにすることをやめてもらいたい。極端にいえば、そういうかんがえかたもあるということです。これは、かなり京都市民の基本にながれている感情だとおもうのです。

さきに、観光ではくえないともうしましたが、文化ではくえるのです。文化というのは、いっぱいくう種がございまして、ますますこれが増大してゆく。戦後、とくにこの数年間のうごきをみていますと、工業化をうわまわって文化産業、わたしは情報産業とよんでいるのですが、そういうものの伸び率はものすごいもので、ますますこれから増大してゆく。

観光ではくえないけれども、文化ならくえる。だから京都も、観光都市にはなれないかもしれないけれども、文化都市にならなれるのではないでしょうか。大都市になればなるほど、第一級の都市になればなるほど、そのような文化あるいは情報の重要性がでてくる。文化ないしは情報のしめる産業的重要性がおおきくなってくるのです。

＊　現在は、産業観光局。

観光都市の性格

わたしはなにも、観光産業を全面的に否定しているのではなくて、そのあたらしいありかたをさぐろうとしているのであるということを、わかっていただきたい。観光だけがあたりかまわず暴走するのではなくて、全体のなかで、市民の生活全体と調和をたもちながら、観光がどう発展していったらよいかをかんがえようというわけです。

一般論的にいって、わたしは工業時代のつぎにくるのは、情報産業の時代だとかんがえています。とりわけ、京都という町は、もともとそういう情報産業というものを中心にしてたってゆく運命にある。それ以外に発展の見こみはないとおもうのです。

京都の観光産業をかんがえるときも、ひろい意味での情報産業の一環としてかんがえてゆかなければならない。ただたくさんのひとをよびあつめたらよい、というのとはちがうのです。観光ということの位置づけをやりなおす必要があるだろうということです。

一般に、観光都市といわれているものにも、いろいろのタイプがあります。あるいは、観光産業といわれるものにもいろいろなタイプがある。たとえばラスベガス・モナコ型というか、ああいうものも一種の観光産業でしょう。博打《ばくち》で身をたてる。あれでけっこうあがりがよいようですが、それもひとつの生きかたであります。あるいは温泉地型といいますか、別府だとか熱海《あたみ》、白浜などのありかたも、産業のひとつの型だとおもいます。他のひとつはアルプス型といいますか、ヨーロッパ・アルプスにもたくさん観光地がありますが、自然を売りものにして、宿泊施設があり、スポーツ施設もある。日本にも、ぽつぽつそういうのがでてきております。日本にも日本アルプスのようなものもある。そのほか、いろいろなタイプの観光地があります。

そういうものとくらべてみますと、京都がいかに観光都市でないかがはっきりしてくる。そういうものとは京都はまるでちがうわけです。歴史、名所旧跡というようなものが売りものになっているという点からいいますと、奈良や鎌倉と、一見にているようにみえますが、実状はずいぶんちがっています。奈良、鎌倉とともに、京都もいわゆる古都保存法の適用をうけたわけですが、これはむしろ、京都にとってまことに不名誉なことで、京都は「古都」とはちがいますわね。奈良はともかく、都になったこともない鎌倉とどうして京都が肩をならべなければならないのか、京都市民にはまったく了解がゆかないのです。奈良、鎌倉は、そのなかから歴史的名所旧跡という観光資源をとりされば、ほとんどなにものこらない。京都はそうではありません。

京都は巨大都市で、膨大な諸産業をもっている。そのなかで観光というもののありかたをかんがえてゆかなければならない。だから、ラスベガスとか、温泉地とか、奈良、鎌倉とか、アルプスとか、そういうものとおなじようにかんがえたら大失敗をやるということです。その方向にすすんだのでは、うまくゆくわけがないのです。

名所旧跡にちがいないのですけれども、京都にありますものは遺跡とはいえない。今日京都にあります歴史的名所のおおくは、ほとんど一七世紀にできている。それ以上ふるいものもたくさんありますけれども、京都の町の基本的な骨格は、一七世紀初頭のものです。いわば寛永《かんえい》以来のもので、比較的あたらしい。そして、これが全部現在まで生きているというのが京都の名所の特徴だろうとおもいます。つまり現役なのです。

寺にしても、神社にしても、あるいはさまざまな美術品にしても、全部生きているわけです。生きて現在につづいている。だから遺跡を売りものにするわけにはゆかないので、そういう点で京都は特殊な条件をもっている。カンボジアのアンコール・ワットやエジプトのピラミッドとはわけがちがう。生きている市民のなかにある文化だということです。

一級品展示場

そこで、文化と観光との矛盾もおこってくるわけです。観光客が「おのぼりさん」で、市民の生活と関係ないところをとおりすぎているあいだは問題ないのですが、それが今日のように市民の生活、市民の文化をおかしはじめると問題がおこる。こうたくさんおしかけてきてもらっては、まったくめいわくというものです。

京都などの観光産業のひとつの生きかたとしては、たとえばほかの観光地とはちがうかんがえで、とびきり高級品をみせるという方法もかんがえられるのです。そのかわり、みにきていただくお客さまにも、どうぞ上等のひとだけきてくださいということになる。一級品展示場だということです。

じつは、京都にはもともとそういう性質があった。その点いちばんうまくいっているのは西陣でしょう。西陣がもし安ものの生産にふみきったら、これはまるでだめになります。とてもよその大量生産品とはたちうちできません。いっぺんにまけます。西陣はたいへん上手にやったとおもうのです。大衆化しなかった。上《じょう》ものばかりやったおかげで、りっぱに現代に適応したわけです。

これは観光一般にもいえることではないでしょうか。ごく少数のお客、かなり質のよいお客にきてもらって、たかくとればよい。べつにやすい料金で大衆化する必要はまったくない。上等のものがあるわけですから、こんなものを修学旅行生にみせるのは、ずいぶんつまらないことです。成人映画みたいに、いっさい子どもにみせないというのはむりですけれども、みてもなにもわかりませんから、なんにもならない。修学旅行をどんどんいれるというやりかたは、京都の将来にとってまずいようにおもうのです。

みなさん、いろいろ利害関係をおもちのかたもありましょうけれども、大局からみれば、京都の観光は、大衆観光の方向にむかわないほうがよいのではないか。どうもあぶない。たくさんの大衆観光客がくればくるほど、元をくいつぶすわけです。せっかく京都にある高級観光資源が全部くいつぶされ、みるも無残なものだけがのこってしまうということです。現にいま進行しているのはそういうことです。

観光による破壊

これは京都にかぎりませんので、日本全体がじつはそういう道をあゆみつつある。日本の大衆社会化、大衆旅行時代がいまはじまったわけですが、そのことによって日本の観光資源というのは、開発どころか全部くいつぶされつつある。

基本的に観光というものがまだ日本人全体にわかっていないのではありますまいか。ここにひじょうにうつくしい自然がある。あるいは歴史的な名所旧跡がある。それをみにひとがくる。そのひとからぶったくるというやりかたになっている。それで、できるだけたくさんひとをあつめようとする。しかし、どんどんあつめればあつめるほど、観光資源そのものはこわされてゆく、ということがおこるわけです。

観光というのは、ラスベガスなどは別として、やはり本質的に美と情報の産業であるのに、その美と情報の源をくいつぶしたらなんにもならないわけです。自然のうつくしさ、あるいは歴史のおもしろさ、これをつぶしたら元も子もなくなる。

ところが、観光というものがいまうごいている方向は、逆になっている。どんどんそれをぶちこわすことが観光開発だというかんがえかたになっている。じっさいおこっておりますことは、みなさんご承知のとおり、日本全国における景観の破壊、これはちょっとめざましいものです。うつくしい景色をどんどんぶちこわしてゆく。それを観光開発と称しているわけです。

みるも無残な建物を、うつくしい景色のなかにたててゆく。そしてたくさんのひとが殺到する。しずかでうつくしかった景観の破壊をどんどんやってゆく。結果としてのこるものは、いわゆる俗悪化ということです。うつくしかったものがどんどん俗悪になっていっている。

だれが破壊するのかといえば、けっきょく大衆が破壊するわけです。観光というものは、大衆化すればするほど破壊がおこりやすい。同時にこれは、もちろん観光業者の責任でもありましょう。観光客をむかえる側の姿勢になにかたいへんぐあいのわるい点がある。

まえからよくいわれていることですが、「坊主と百姓の手にかかったら観光地はみなだめになる」といいます。これはひどい言いかたですけれども、ほんとうかもしれない。これは全国的におこっていることのようです。僧侶《そうりょ》、農民は、どちらもほんとうの計算ができない。長期にわたる経営の感覚が欠如している。そこで、なんというか一種の「近欲《ちかよく》」になるのです。すなわち、「早《はや》もうけ」。とにかく観光客がきたら、とりあえずぶったくるという方向へどんどんうごいてゆく。僧侶、農民の開発が危険だというのは、資本もなく全体計画もないから、ひじょうにちゃちな施設しかできない。

そういう点は、大資本による開発のほうがまだしもましかもしれない。大資本の開発にも、いろいろ問題や欠陥がありますけれども、いくらか全体計画があって、ある種のうつくしさをつくってゆこうという姿勢があります。そうでない零細資本の開発はたいへんあぶない。

業界の姿勢の問題

これも告発ですけれども、ここの比叡山《ひえいざん》の頂上のことです。最近いってみたのですが、ひどいことになっています。あれはじつに無残なことです。四明ヶ岳《しめいがだけ》の頂上へゆく途中は、いまや三流、五流観光地ですね。なんといってよいのか、わたしはたいへんかなしかった。京都にああいうものがあろうとはおもってもみなかった。

要するに、まことにきたならしいみやげもの屋が両側にぎっしりならんでいるだけのことであって、これをもって観光というなら、観光というものはやめたほうがよい。あそこはいったいどこが管理の責任をもっているのかしりませんが、どうしてああいうことになるのか、よほどよくかんがえてみなければならないとおもいます。

こういうことはかんがえようで、お客がそれを要求するからだという理屈もまたありえます。しかし、お客に要求があるから、いくらでも低俗化してよいかというと、わたしはそういうものではないとおもうのです。

低俗でないものを提供したら、それはそれなりにちゃんともうかる仕くみになっています。もちろん、よいものがもうかるとは、かならずしもいえない。しかし客の要求のたかいところへ焦点をあわせるか、ひくいところに焦点をあわせるかは、業界の姿勢の問題なのです。ひくいところはひくいなりに安定しますが、たかいところはたかいところなりに安定させる方法があるということです。

そういうことをかんがえますと、比叡山のようなああいう無残なことがおこるというのは、基本的なところで観光業界全体の体質の問題ではないのか。あれは比叡山の破壊であります。どうしてああいうことになったのか、具体的ないきさつは知りませんけれども、ああいうことをしてはいけない（註）。

いっぽう、お客のあいだにはどういうことがおこっているかともうしますと、やはりやむをえないとおもいながら、ああいう俗悪化に対するつよい反発はみなもっているのです。日本全国どこの観光地へゆきましても、じつに低俗なものがおおい。もうすこし、なんとかならないかとおもいながらも、しようがない、やむをえないということで辛抱しているわけです。

（註）一九六六年当時、比叡山ドライブウェイの駐車場から四明ヶ岳頂上にいたる道路の両側に、おびただしい仮設売店がひしめいていた。その後、京都市当局の努力によって、これはほとんど撤去され、この問題はほぼ解決した。

「体験情報」を売る

ここで、観光産業というものの本質について、すこしかんがえてみたいとおもいます。観光産業というのは、いったいどういう種類の産業であるか。

これはいずれ、産業である以上は経済活動の一種であるわけですが、経済活動というものが、すべてなにかを売って、その代価をうけとるという経済行為でなりたっているとすれば、いったい観光産業はなにを売っているのか。

みやげものを売るのではないでしょう。みやげものも売りますけれども、それが観光産業ではない。それではサービスを売るのか。たとえば旅館です。そうでもないのです。観光産業の場合は、サービスを売っているのではない。ではなにを売っているのか。

みやげものやサービスで観光産業がなりたつならば、なにもじっさいに比叡山までゆく必要はありません。じつは比叡山までくるというのは、比叡山自体が価値をもっている。ひろい意味で、わたしはやはり情報を売っているのだとおもいます。どういう情報を売っているかともうしますと、比叡山の存在自体がひとつの情報である。その情報を体験させるための適当な施設をつくれば、それに対する代価はとれる。

買うほうの立場、お客の立場からいえば、これは「体験情報」を買っているわけです。体験に対して代価をはらう。だから、それに対する正当な代価はとってよろしい。

たとえば道路がよくなれば、車ではしるということも、ひとつの体験として価値があるわけです。それに対する代価はとってよろしい。そういう意味で観光産業というものは、基本的に体験産業だとかんがえます。体験というものを売る産業であるということです。もし体験を売るのでなければ、絵はがきですむことです。あるいは本をよんですむことです。観光というのは、実地にそこへゆかなければ意味がないので、いったということに意味がある。それが価値をうんでいるわけです。それにサービスとかおみやげとかさまざまなものがくっついてくる。けっきょく体験を中心にする総合産業になっているということです。

それでどういう種類の体験を売るか。これはかんたんにいうと、非日常的体験を売る。日常体験なら、それぞれ都会、家にすんでいて、家庭生活あるいは会社の生活です。こんなものを、だれも金をだして買うひとはいない。

そういうものからとびだした、ちがう体験をしたいということが、観光産業をなりたたせる基本条件になっている。非日常的体験ということです。そういう意味で観光ということは、本質的には日常からの逃避だといってよい。みんな、どこかからにげてきているということなんです。

かんたんにいえば、文明からの脱出だということです。日常の緊張した生活から脱出して、どこかほっとゆるんだものをもとめてきているのだということです。ある意味で、現代からの逃避であるとかんがえてもよい。つまり空間的にいえば、都市文明の喧噪《けんそう》から脱出してくる。時間的にいえば、現代という時代から脱出して、べつな時代へとうつるのだということです。だから、中世あるいは古代の遺跡や旧跡というものが意味をもってくるわけなのです。

ペンキ追放

そういうことをかんがえますと、観光地のなかに現代文明のさまざまな象徴、日常生活をすぐおもいおこさせるようなものをもちこむのは、観光それ自体の否定です。例はたくさんあります。ペンキはやっぱりやめなければいけません。それからプラスチックがこの比叡山の道にもいっぱいあります。全部やめるべきだとわたしはおもいます。そういうものは観光地むきではない。どうぞ都会でおつかいくださいということです。

中仙道に妻籠《つまご》という宿場があります。あそこはいよいよくえないようになって、本格的に観光でくおうということをかんがえた。そのときおもいきった処置を講じているわけです。たとえば、ペンキ、プラスチックは街道すじからいっさいとりはらった。街道から電柱も全部とりはらった。車もとおさず、駐車場も集落のそとにつくった。これはほんとうに断行したようです。むかしの宿場を再現した。

これはあたりまして、たくさんの観光客が妻籠にとまりにゆくようになった。これは、たいへんおもしろい例であります。

話によりますと、最近はアスファルトまでめくるというところまでかんがえている。こんなものはとにかく昭和のものだというわけです。これはひとつのはっきりしたゆきかたなので、現代からの脱出が妻籠へゆけばできる。まさに明治へもどるのです。そういうことがじつは観光にはだいじだということです。

京都なんかも、まさにそういう例になりうるかもしれない。観光客がなにをしに京都へくるかというと、プラスチックをみにきはしません。京都のお寺とか郊外へくるのは、やはり現代的な俗悪さがないところをもとめているのです。そこへいってみたら、でかでかとペンキの標柱や看板がたっているというのでは、まったくぶちこわしです。

みやげもの屋にしてもそうです。みやげものというのは、売ってわるいものではない。だれでもおみやげはほしい。しかし売りかたがあるでしょう。もうちょっときれいな売りかたはないものでしょうか。今日の京都でも事態はおなじであります。みなさんのなかには、みやげもの屋さんも、たくさんいらっしゃるかとおもいますけれども、なんとかもうちょっときれいな、あざやかな売りかたというものはないでしょうか。率直にいって、現状は無残なものです。

ヨーロッパの観光地なんかでも、おみやげものはたくさん売っておりますけれども、すくなくとも現場においては、じつにこぎれいな売りかたをしているところがおおい。現場といいますのは、つまり名所、旧跡、観光地そのものです。町ではずらっと店がならんで、そうとうひどいところもありますけれども、現場はきれいです。すくなくともそこのもっている自然的なうつくしさ、あるいは歴史的な価値というものをそこなうようなことはない。そういうものは、ひじょうにきびしく監視され、管理されているようにおもわれます。

どうしてそういうことが日本ではできないのか、わたしにはわかりません。なぜ、うつくしさそのものを破壊するようなかたちでしかみやげものが売れないのか、これがわからない。

復元的開発

一般的にいいまして、これはいま京都で大問題であるところの、保存と開発ということと関係がありそうです。いわゆる開発をやろうとすると、けっきょくペンキ、プラスチックをもちこむということに現実にはなるわけです。そうすると、これは観光の基本的価値を破壊する仕かたでおこなわれる。

わたしはむしろ京都なんかは、保存というよりも、妻籠の例のように、はっきり復元までかんがえてよいとおもっているのです。保存というかんがえかたは、いつも消極的で、ああしてはいけない、こうしてはいけないということになる。下手をすると、京都全体を博物館——わるい意味での博物館ですが——にしてしまわぬともかぎらない。冷凍庫にいれて、凍結してしまおうということになる。それでは百何十万の市民の生活はどうなりますか。

観光資源というものをほんとうにつかおうとおもえば、むしろ積極的に復元しなければならない。むかしへもどせということです。そうしたらもっと値うちがでる。復元がほんとうの開発になる。復元的開発といいますか、そういうやりかたをかんがえてみてはどうか。保存か開発かという、あい反する方向でかんがえるのではなく、復元がすなわち開発だ、という方向でかんがえる。

京都は、そういう運命をになった都市でありましょう。現代からの脱出の場としての京都をつくれということです。これなら、客はちゃんときてくれる。そしてそうとうの代価をはらってでも、それをたのしむでしょう。いまのやりかたはそういうふうにはなっていない。いまのやりかたですと、はしりぬけになる。あとにのこるものは排気ガスだけであろ、というふうになってゆくのではないでしょうか。

略奪産業

観光産業の一般論としていいますと、日本にはいままでの観光資源というものがはじめからあるわけです。歴史的にせよ、自然的にせよ、もともと存在する。そこへひとが見にくる。そのひとからしぼりあげるというふうになっております。はっきりもうしまして、これは略奪産業です。たいへんきついことばですけれども、原理的にそうなっている。まことに原始的な産業です。これではちょっと、ぐあいがわるいのではないでしょうか。

京都なんかでも、観光資源のたくさんある都市ではありますけれども、そういう点では、ほかの都市にくらべて進歩的とはいえない。要するに、やってくる人たちから略奪しているだけであります。

略奪の結果どういうことになっているかというと、こちらの地元へ観光資源のくいつぶしというかたちではねかえってきているわけです。

いまのところ、まだ全国的に、あるいは全世界的に、京都にはみるべきものがあるという期待がありますから、ひとがきます。しかし、やがてあれはもうだめだということがわかってきます。だれもこなくなりますよ。むかしはよかったなということになるだけの話です。

いまや観光は略奪産業から脱皮して、ちゃんと設計された産業へ進化する時期がきているとおもいます。どういうことかともうしますと、演出がいるのです。観光産業全体に、演出がいるようになってきているとおもうのです。

いまは、はじめからある資源のうえにあぐらをかいている。なんら演出というものがおこなわれていないのです。京都全体のイメージをどういうぐあいにつくりあげてゆくかというようなことを、かんがえる役わりをはたすひとはだれひとりいない。ばらばらに、かってなやりかたでおこなわれているわけです。

演出の上手、下手によって、観光事業というようなものはおおきくかわります。演出家ないしは舞台装置家が必要だとおもうのです。京都全体をひとつのイメージでつくってゆく。そういう一種の演出家、あるいはアート・ディレクターが要求されている。これは、宿泊設備を担当している旅館業のかたも、おみやげを売られるかたも、交通業のかたも、レストランのかたも、あるいはさまざまな施設をつくるひとも、すべてをひっくるめて一貫したポリシーというものをうちださなければだめなのだということです。そういう時代になってきている。すでに世界のどこでもやっていることなのです。

京都なんか、なにもないでしょう。漠然とかんがえておられるのかもしれませんけれども、ひとつの明確なポリシーにしたがって、京都の観光資源の根本的培養がおこなわれているとは、とうてい信じがたい。それどころか、いまのままでは資源を略奪すると同時に、お客からも略奪し、だんだんじり貧になってゆく。

観光産業のシステム化

観光はお客がやってくる、それをまっているという受身の産業から、もっと積極的な演出をともなう産業へという転換をもうかんがえてもよいのです。

べつないいかたをしますと、さまざまな分野の観光産業全体をとおしての、ひとつのシステム化といってもよいかもしれません。なにをどのようにたのしませるかという演出の原理、プリンシプルが必要だし、おなじように、それをシステムとしてかんがえる必要がおこってきている。いまのところ、それぞれの業界でせいぜい利害の調整以上のことはできていないようです。

問題はビジョンです。京都の観光というものをどうかんがえるかという、はっきりしたビジョンをうちだし、それにしたがって、さまざまな業界がひとつのシステムをくんでゆくという態勢にうつらなければ、じり貧になってゆくのではありませんか。

観光産業は一大総合産業であるべきなのです。さまざまな要素があつまって、全体がひとつのシステムをくまなければならない。そういう点で、あるひとつの品物をつくっている製造業とは、原理がちがいます。サービス業ともちがう。総合的に膨大な分野をカバーしながら、しかもたいへんきめのこまかい作業が必要なので、農業や工業のようなきめのあらいものとちがうのです。さきほど情報産業についてもうしあげましたが、一般に情報産業といわれるものはみなそういうたちのものです。総合的であると同時に、たいへん緻《ち》密《みつ》なきめのこまかさを必要とする。

創造的観光産業のすすめ

日本の観光産業を第三者としてみておりまして、おそるべき研究不足というのがわたしの実感であります。みなさん、いまのところこれでけっこうくえるからよろしいのでしょうか。しかしこれではさきでどういうことになるのか。あまりにも研究が不足しています。かんがえたら、いくらでもおもしろい手がうてるはずなのですが、そういうことはいっこうにでてこない。いまはまったく受身の観光業です。

たとえば京都のほかの産業とタイアップすることもいくらでもかんがえられます。西陣は織物製造業ですけれども、じつはふつうの製造業とは意味がちがう。たいへん高度な情報産業です。こういう西陣の情報産業と観光業とが立体的に結合した演出などはいくらでもうてるはずです。すこしうまいこと作戦をすすめてゆけば、たちまち世界的なファッションにもってゆくことができるはずです。これは西陣の将来という点からも重大なことです。そんなことせんでも、いまのままでよい、とおっしゃるのならば別ですけれども。

また、さきほど文化でくえるといいましたが、京都には、文化という点ではりっぱなものがたくさんあります。たとえばわたしどもが所属しております京都大学、これはなんといっても、世界第一級のものです。そういうものとむすびついた観光産業というものを、かんがえることができる。このようにして、いろいろな観光産業を展開させてゆくこともできるんだということです。これは作戦しだい、演出しだいです。

これだけたくさんの観光客がやってきて、これだけたくさんの観光業者がいらっしゃるのに、京都にそういう創造的な観光をかんがえる機関がないとはいったいどういうことなのでしょう。ふつうの国際感覚からもうしますと、京都には当然、観光産業研究所など、具体的な作戦をかんがえる機関があってよい。業界の出資でそういうものをおつくりになっても当然だろうとかんがえるのです。時代はうごいていますから、つねに基礎研究というのをやってゆかなければ、たちまち立ちおくれになる。

今日、観光学科をもっている大学が二、三あります。たとえば東京の立教大学、それから東洋大学です。どういう内容をおしえておられるのか、くわしいことは存じませんけれども、京都にあるたくさんの大学のなかで、観光学科をつくろうといううごきはひとつもない。* 業界からのさそいかけも、おそらくなさっていないのだろうとおもいます。そういうことからかんがえましても、だいぶおっとりしていらっしゃる。

とにかくこれだけたくさんの観光客がくるわけですから、何年もたってりっぱな観光地ができなかったら、よっぽど程度がわるいということになります。いまならやれるとおもうのです。いまのうちにさきのことをかんがえて、手をうたなければだめなのです。あと数年はだいじょうぶでしょうけれども、このままいったら、またくいつぶしということになるでしょうな。

毒舌ばかりたたきましたけれども、わたしの話は、いちおうこのへんでうちきらせていただきます。

＊　現在、「観光」という名のつく学科あるいはコースは、いくつかできている。

III　京都の精神

「京」も「都」もミヤコ

じつはこの京都新聞のシンポジウムにつきまして、わたしのたいへん敬愛する大先輩でございます林屋辰三郎《たつさぶろう》先生から、「きみも出ておいで」というおさそいをうけまして、よろこんでのったわけです。京都の話だということでした。ところが、あとからプログラムをおくってこられまして、みてびっくり仰天いたしました。全体の題が「謎の古代 京・近江《おうみ》」となっている。とんでもないことです。古代の話だったら、おさそいにのるのではなかった。この壇上におります四人のうち、わたしをのぞく三人の先生がた、林屋辰三郎先生、上山春平先生、梅原猛《たけし》先生、みなさん歴史家でいらっしゃいます。わたしは歴史のレの字もしらない。それでこういうところへでてくるというのは、むちゃくちゃな話でございます。

しかし、もう印刷物に名まえがのってしまった。しかたがない。いったいなんの話をするのか。そこで、林屋先生ほかのみなさまがたともご相談いたしまして、とにかく「京都の精神」というのでやれというわけで、なにかやらなければならないことになってしまいました。それで、ちょっと歴史とは関係のない、まして「謎の古代」となんの関係もないことになりますが、自由に話をさせていただきます。

じつは、わたしは先祖代々の京都市民でございます。先祖代々ともうしましても、たった一五〇年ばかりでたいしたことはないのですが、とにかく京都にうまれてそだったわけでございます。そして、ある程度、京都の精神、京都の心というものをもっているつもりでございます。その京都の精神とはどういうものか。「京都」ということばをかんがえてみますと、「京」も「都」もミヤコということであって、一国の首都ということばでございます。

ずっとむかしのことですが、わたしはタイにしばらくいたことがあります。タイは華僑《かきょう》がひじょうにおおいところで、漢字を常用しております。あの国に京都銀行という銀行があります。日本の京都銀行の支店とはちがいます。タイの京都銀行なのです。それは要するに、バンコク銀行ということなのです。首都の銀行だから、当然京都銀行になる。タイで京都といえば、首都のバンコクをさすのです。京都ということばは本来そういう意味なのです。

わたしどもは、いまでも京都は首都であると信じております。子どものときからくりかえしきかされた話でございますが、京都は旧都でなく現に首都である。それでは東京はなんだということになりますが、「あれは行在所《あんざいしょ》である」、そういうぐあいにきかされてまいりました。じっさい、今日まで遷都令というのはでておりませんので、いまでも天皇は京都にいらっしゃるはずになっております。京都は旧都でも、古都でも、廃都でもなく、これこそは永遠の都であるということでございます。

天皇が行在所へゆかれたころに、江戸を「東京《とうけい》」と称した時代があります。それに対応して京都のことは「西京《さいけい》」と称した。ずっとのち、戦後になって西京大学《さいきょう》ができ、西京というこばが復興したかのごとくみえましたが、けっきょくだれもそういうことはいわなくなって、また京都にもどる。「西京《さいけい》」はもちろん「京都」にもどったわけです。つまり、「首都」にもどったわけでございます。永遠の都が復活したわけです。

わたしども京都市民は、ここが日本の中心である、日本文化の本物は全部ここにある、ほかのものは偽物とはいわないまでも、二流品だとかんがえてまいりました。京都にこそ本物がある。そういう意識をささえるのは、いうまでもなく一〇〇〇年にわたる歴史のすべての文化がここを中心にして展開してきたという、その事実でございます。そういう一種の首都意識、中心意識あるいは永遠の都意識、けっきょく、こういうものが京都の精神の中核部にあるのではないかと、わたしはかんがえております。

中華思想

江戸時代から「三都比較論」というのが、たくさんかかれております。江戸ではどうだ、京ではどうだ、大坂――むかしは、京都を「京」といい、大阪は「大坂」とかきました――ではどうだという、三都の風俗、人情などの比較がたくさんございますが、ああいう三都を比較するという発想は、じつに非京都的なものでございます。

京都人はそういうことをいっさいやらない。江戸や大坂など、はじめから比較の対象にならないわけです。あたりまえだ、全部、ほんとうはここがいちばんよい。はじめからきまっている。江戸はどう、大坂はどうとくらべるほうがおかしいという意識でございます。比較論がはじめからなりたたない。比較論を拒絶する発想、思想というものが、京都のかんがえかただとおもうのです。比較級の話ではなくて、絶対最上級である。比較を絶している。それが「都である」という意識でございます。

じじつ、すべての日本文化は京都の文化が標準になっている。これにいかにかぎりなく接近するかというのが、日本のすべての文化の方向である。京都文化にいかに接近するか、この構造は何百年通じてかわらない。現在でも依然として、京都は日本文化の心のふるさとであり、けっきょくここへもどってくる。回帰の原点が京都にあるということでございます。それをささえているものは、やはり一二〇〇年の蓄積でございます。

かんたんにいいますと、一種の中華思想ですね。京都中華思想は歴然とございます。おそらく、ほかのところから京都にうつってこられたかたは、まず京都市民のこの京都中華思想でガンとやられたという経験をおもちではないかとおもうのです。どこへゆきましても、京都人というものははっきりした中華思想をもっている。それでいきなりやられるわけでございます。

こういう中華思想というものは、世界じゅうの古典的大都市にはかならずあります。たとえば、パリにもあります。ローマもひじょうにはっきりしている。そのほか、世界じゅうにそういうものがありまして、古典的大都市というものはかならず自分のところがその国でいちばん上等だ、すべての文化がここ中心で、ここを規範として見ならい、回転してゆくんだというふうにかんがえています。

一二〇〇年の蓄積

さきほどはなされました、上山先生、梅原先生は、文化のなかでも上等の部分のお話をなさいました。高級文化のお話でしたが、ここでいう中華思想は、京都の高級文化だけではないのです。ほんとうの庶民レベルにあるということです。庶民レベルにそういう歴然たる中華思想がある。それも当然でございまして、庶民、つまり京都市民はおそらく日本ではほかには類をみないほど、心の奥そこまでたがやされている人たちであろうかとおもいます。その意味で、ひじょうに文化性がたかい。これだけ文化的な市民は、ちょっとほかでは見あたらないのですね。これも一二〇〇年の蓄積のなせるわざでございます。

その中華思想のはげしさは、わたしどもも子どものときからよくしっておりますけれど、自分でもおどろくようなことがしばしばおこります。たとえば、わたしはしばらく大阪に就職しておりました。京都大学をでましてから、大阪市立大学へ勤務していたことがございます。就職がきまったというので、親類の連中がよろこんでくれるかとおもったら、まったくちがうんです。「へえ、あんた、大阪みたいなしょうもないとこいくのん」ということで、全然問題にもならない。わたしはたいへん面目をうしないました。けっきょく、また京都へもどってきたわけでございます。

東京に対してでも、まったくおなじような意識がございまして、逢坂山《おうさかやま》を東にこえたら鬼がでるというのが、京都市民のふつうの感覚だとおもいます。きょうのテーマは「京滋《けいじ》文化」で、滋賀県のみなさんにはちょっともうしわけないんですが、逢坂山からむこうは世界がちがうとおもっている。東京もこのごろだいぶましになってきたらしいというのが、ふつうの伝統的京都人の意識かとおもいます。

庶民レベルにおけるそういう中華思想を裏うちする文化的レベルのたかさ、芸術におきましても、学術におきましても、美の意識におきましても、ひじょうにたかいものが市民のなかで形成されている。とくに、洗練されたマナーといいますか、行儀作法といいますか、つまり「ひとあしらい」「ひとあつかい」の技術でございますね。

技術のなかでも機械、ものをあつかう技術に対して、ひとをあつかう技術ということは、つまり政治ということで、京都人のもっているおそるべき政治性というもの、これはちょっとほかではかんがえられない、たいへんなものでございます。本質的な意味で、京都市民は政治的である。政治的な市民だとおもうのです。それは、ここ二、三十年のうごきをおかんがえになりましても、よくおわかりのこととおもいます。

京都は日本ではない

じつはわたし、こういうことをかんがえているのです。長ずるにおよんで、だんだんわかってきたことでございますが、京都は日本ではないのだということです。京都は日本文化の原点であるといいながら、しかも、日本文化というものはこういうものではない。

さきほど、梅原先生から古今集の美学のお話がございました。そして、明治以後、万葉集の美学、「ますらおぶり」というのがつよくでてきたというお話でございました。やはりこれが日本の美学なのです。日本の美学は武家の美学であって、封建美学である。京都はそういうものが欠落した町ですね。ここは封建制に組みこまれていなかった。京都には封建制はありません。武家が支配したこともない。京都にも武士は少数おりましたけれども、伝統的に一貫してながれているものは封建秩序ではないということだとおもいます。

わたしは全国をあるきまして、日本を知らなかった、京都のことしか知らなんだということを痛感しました。京都では日本はとけない、わからないわけです。というのは、ほかは全部京都とちがうのですから。けっきょく、日本という国は京都対非京都の対立構造になっている。そして、地方はすべてかぎりなく京都文化に接近することをもって目標としながら、しかも全部反京都であるということです。

わたしも、地方へゆきまして京都人に対するひじょうにきつい反感というものが根にながれているのを感じて、ひやっとすることがございます。どうも、京都をみかえすというのが日本人のひとつの原動力になっているような気がする。それの拠点が東京です。東京というのは、京都をみかえすためにつくった都である。どうもそんな感じがするのです。なるほどかんがえてみたらそういうことなんで、京都というのは、まさに封建制度下における一種の律令都市である。全国が封建的秩序に再編成されたときに、京都だけがそれからはずれた立場にあった。これは、最初に都がおかれたときから、一二〇〇年のたえることのない伝統であったかとおもうのです。

日本は、そういう京都対反京都という、一種の矛盾的緊張をはらんでうごいている。それは現代においても、やはりそうだとおもうんです。なおこれは未来にも、その矛盾的緊張は日本文化がつづくかぎり、もちこされてゆくであろうとかんがえております。

そういういいかたをしますと、京都人とほかの地方のひととはたいへんちがうような印象をあたえますが、そうではございません。だいたい京都人というものは、大都市の常といたしまして、異郷からの流入者でうめられているのでございます。わたしなんか先祖代々といいましても、さきほどいいましたようにたった一五〇年、四代でございます。四代まえは滋賀県でございました。滋賀県からながれこんできた。そして、しばらくいると全部京都人になってしまうわけです。京都文化はそういうつよさがある。つぎからつぎから、どこからながれこんでこようとも、しばらくのうちに、ちゃんとりっぱな京都人に仕たてかえてしまう。征服者がなんべんやってきても、たちまち京風になるのとおなじで、京風にならないですまそうとおもえば、鎌倉や江戸のように、あらたに中心をつくるしか仕かたがない。関東の武家政権というものはそういうものでございます。京都はつねにそういう猛烈な同化力をもっている。これはやはり永遠の都、京都の文化のつよさであろうかとおもいます。

京阪奈丘陵

そこで、関西三都市、京阪神三都ということをお話しましょう。このごろは千里《せんり》という新興勢力がでてきまして、京阪神千四都というのだそうです。現在、わたしは千里につとめていますが、たしかにひじょうに性格のちがうものが出現しはじめた。あれは大阪のベッドタウンではございません。全然べつの性格の都市でございます。

それは別といたしまして、京阪神三都と従来もうしておりました。この三都の関係はどういうことになるか。東京方面から西のほうをながめますと、上方《かみがた》というのはひとつにみえるんですね。ところが、ご承知のように京阪神はすこしもひとつではない。まったくちがいます。いまだかつて、京阪神三都が連合したことなんか一どもない。そんなもの、できっこないです。だいたい、京阪神とならべるのがおかしい。センターは京都でございます。大阪や神戸はそれの衛星都市です。

それに、本日の会の主催者の京都新聞社にはもうしわけないのですが、「京滋文化」とはなにごとぞ。京都文化ならわかりますが、京滋文化とはなにごとだ。京都と滋賀をならべるのがおかしい。なるほど、近江にはふるいものがいろいろあります。しかし、「京滋文化」というようないいかたはやはりおかしいのではないか。さきほどの上山先生のお話にもかかわらず、やはりこういういいかたはよくないんだとおもいます。

歴史はともかくとして、京都が日本の文化的センターであればこそ、みんなついてくるわけなんです。京滋文化というようなことをいって、全国、九州や関東のひとがついてきますか。これではだめなんです。主催者のつごうで、こういっておられますが、問題は京都の文化でございます。

京都新聞社のほうでもよくおわかりだとおもいます。その証拠に、『京都新聞』を『京滋新聞』とは改名なさらない。いつまでも京都新聞をとおされるのだとおもいます。京滋新聞と改名してもらっては、やはりこまるんです。べつに滋賀県の悪口をいうつもりはありません。わたしの先祖も滋賀県の出身でございますから、わるくいうつもりはございませんけれど、やはりそのことははっきりしておく必要がある。「京滋文化」というぬえのごときものは存在するわけはないんだ、ということです。

そこでもうひとつ、それに似た話ですけれど、最近、京阪奈《けいはんな》丘陵うんぬんということがいわれはじめました。あれもひじょうにこまるとわたしはおもっています。きょうの紹介にもちょっとその話がでてきますが、京阪奈丘陵とはなんだ。あれは京都府ですよ。どうして京阪奈という変な名まえをつけるのか。どなたがこの名まえをおつけになったかしりませんが、あれは大阪と奈良をだきこもうということなんです。大阪も奈良もだきこんで、いっしょにやりましょう。京都だけではちょっとやれそうもないという、ひじょうになさけない言いかただとおもうのです。

そんななさけないことをいっていてはだめです。あれは京都です。「文化のことは京都が責任をもってやります」という姿勢をしめすべきだ。大阪などをだきこまなければできそうもない、というのではだめなのです。

まず、「京都がやります」という姿勢を全国にしめさなければならない。それは全国からみてそうなのです。はっきり京都ということをおっしゃい。京都は、経済的、政治的にいまかならずしも日本の中心とはいいえません。旧家のかわいいお嬢ちゃんが生家の没落をもりかえそうと、まなじりを決してたちあがったという姿勢が必要です。そうすればこそ、全国の支援があつまるんだ。「ああ、やりなさい」と。それが、横をみたら大阪の金もちおやじがひもをつけてひかえていた、というのではかっこうがつかない。

たしかに現実には関西諸都市、なかんずく大阪の支援はひじょうにありがたいものですし、京都としてはそれを排除する理由はありません。他府県の協力はおおいに歓迎すべきものであります。しかし京都としてはまず、「わたしたちがやります」という気概をもたなければいけない。はじめから他人の力をあてにしていたのではだめです。これが京都の精神というものです。わたしがいいたいのはそういうことです。

ひどい中華思想で、独善だとおっしゃるかもしれませんが、独善こそはすべての文化の再生産の原動力です。こんなもの遅疑逡巡《ちぎしゅんじゅん》して、右顧左眄《うこさべん》していたら、なにもできない。

創造はできません。きょうのテーマは「伝統と創造」ですが、創造をやろうとおもえば、断固として「自分でやります」という決意をもたなければ、だめです。

京都精神作興運動

ところが、わたしども戦前世代の人間ははっきりした京都中華思想をもっておりますけれど、戦後世代のかたがたは、やや京都中華思想がよわっているんではないかという感想をよくいわれます。戦後世代は動揺している。京都がただの地方都市になったようなかんがえになっておられるのではないか。わかいひとは、やはりだまされているんです。今日の政治的中央集権、それにあやつられたさまざまな報道、情報にだまされている。京都というものをただの都市のようにかんがえはじめている。これはこまるとおもうのです。

そこでわたしは、京都精神作興運動が必要ではないかとかんがえています。これはまえからいろいろかんがえていたことでございますけれども、やはりもう一ど京都中華思想の作興運動をやらなければいけない。京都は京都で、そうとう伝統の殻がございます。この殻をやぶる必要があるだろう。ひじょうにかたくてあつい殻ができておりますが、これをやぶって、もう一どあたらしい京都文化をつくりあげてゆくという気概を、われわれはもつべきであろう。いわば、第二の平安京づくりというようなかたちでかんがえているわけでございます。

これは京都だけでやる必要はすこしもございません。なぜかというと、京都は日本文化の中心であり、回帰の原点である。全国がこれを支持するのはあたりまえのことなのです。日本文化をまもり、再創造するためには、日本政府は総力をあげて京都の文化を支援すべきでございます。だから、第二の平安京づくりは京都のプロジェクトではない。ましてや、関西プロジェクトという、そんなしょうもないものとちがいます。これは京都だから日本プロジェクトになる、ナショナル・プロジェクトになるんだというふうにかんがえています。

最近、いろいろな新聞でみなさんご存じだろうとおもいますが、あたらしい都市づくり、それはさっきの京阪奈丘陵という話でございます。わたしは京阪奈という名はつかいたくない。あそこは京都です。しいていうならば、新京都あるいは南京都と名づけるべきだとかんがえています。そこにあたらしい文化のセンターをつくりあげる。それを二一世紀の京都市民に対するプレゼントとして、今日わたしどもがつくっておこう。文化的蓄積によるあたらしい文化の再生産をここでやるべきではないかということを、かんがえているわけでございます。

そのへんのところが、けっきょく京都の精神の現代版ということになるのではないかとおもうのでございます。時間がきたようでございますから、ここでおわらせていただきます。

京都と滋賀

それでは会場のみなさまがたに配布されました質問表が回収されてきておりますので、おこたえいたします。

ご質問を拝見いたしましたところ、だいたい三つの問題に集約できるかとかんがえます。第一は、やはり京都と滋賀、いわゆる京滋の関係論です。あるいは滋賀県の運命はどうなるのだということです。つまり新京都構想で、滋賀県もいっしょに京都のなかにいれてはもらえないのか、というご質問です。しかし、滋賀が京都にくっついていたら損だとおもうんです。滋賀が京都にくっついているかぎり、京滋の滋は影がうすくなる。京滋でゆくよりも、滋賀県は滋賀県の独自の道をさがしたほうが得ではないかとおもいます。

近江というところは、さきほどから上山先生、梅原先生のお話にありますように、膨大な歴史的遺産をもっている土地でございます。しかも、山もうつくしく、湖もうつくしい。うつくしい自然をたっぷりともっている。この歴史的遺産とうつくしい自然を結合して、いささか演出をやれば、独自のすばらしい土地になってゆくのではないか。現実にわたしはその方向で、滋賀県の知事さんほかみなさまがたには、いろいろなアイディアをおすすめしているんです。滋賀県のゆく道はべつにありますよ。京都の付属物になってもたいしたことはないです。しかも、京都に対抗して、京都を圧倒しようというようなことは、それはむりだ。とてもかなわない。京都はすごいですよ。やはり蓄積ははるかにおおきいです。

ということをかんがえますと、滋賀県はやはり独自の道を探索すべきであろう。じゅうぶんに可能性があるとおもうんです。しかも、これまた京都とはべつの方法で、いまの歴史的蓄積とうつくしい自然のうえにたって、これでナショナル・プロジェクトにもちこむことができる。ということは、つまり、あたらしい二一世紀の日本の構図、国土計画のなかで、滋賀県のしめる位置はまったく独自のものがあるんだということです。そういうことをわたしはかんがえております（註）。だから、これも滋賀県ひとりでおやりになることはない。やはりひとつのナショナル・プロジェクトだということでございます。

（註）近江文化叢書企画委員会（編）『シンポジウム　明日の湖国——国民休養県構想をめぐって』（近江文化叢書）一九八一年五月　サンブライト出版
近江文化叢書企画委員会（編）『シンポジウム　明日の湖国2』（近江文化叢書）一九八三年三月　サンブライト出版

国民文化都市

ご質問はあとふたつばかりの項目に集約できるかとおもいます。両方とも「新京都建設計画をめぐって」でございますが、ひとつは新京都の立地論でございます。南山城《みなみやましろ》はすこしとおすぎるのではないか、場所がよくないということご意見、これはかなりあるかとおもうのでございます。旧市内からみると巨椋池《おぐらいけ》のまだ南ですし、ちょっととおい感じはしますよ。しかし、はなれてみたら、京都は京都です。おなじことです。東京からみてごらんなさい。そんなものくっついていますよ。そこが目のつけどころで、東京からみたら、絶対にこれはちかい、ひとかたまりの団子にみえます。

しかも、それをひとつ団子にみせるというところがミソなんで、南山城などというと、えらくはなれてきこえてしまう。それを京都、京都というわけです。じっさいはちょっと距離があるんですけれど、京都、京都ということによって、京都全体のイメージをそこへ、トランスプラント、移植することができるのです。そういう手をつかわないと絶対に損だ。

いまの立地論で、旧市内からみるといささかとおくにみえて、あんなところまでゆくのはかなわんといわれるかもしれない。しかし、それにはちょっと誤解がございまして、わたしがかんがえている新京都の文化都市というのは、京都人のためではありません。これは国民のためです。京都人が利用して、そこからなにかとろうなんて、そういうケチなことをかんがえてはいけない。これは京都が千数百年の文化的蓄積を全部たずさえて、二一世紀の日本国民のためにお役にたちましょうという発想なのです。

ある意味で京都がここで二一世紀に再生する、リバイバルすることであると同時に、日本国家のなかであたらしい京都の生きかたというものを確立しようということなのです。だから、いますぐに京都市民がそれをつかう、京都の付属物だとかんがえてはいけない。京都は京都のイメージをプラスにつかいながら、あたらしい都市をここに創造する。

最初に京阪奈をうりだされましたのは元京都大学総長の奥田東《あずま》先生でございます。奥田先生は学術研究都市という名まえでおやりになってきましたが、それではちょっとうまくゆかない点がいろいろあるとおもいまして、わたしはべつの名まえを提唱しているのです。それは国民文化都市でございます。国民のための文化都市、それを京都がつくってあげますということです。お金はどこからでるか別として、とにかく京都は文化的蓄積をここへいれましょう、わたしたちはお役にたちますよ、そういうことです。したがって、これは国民文化都市という名まえがよいのではないかと、わたしはかんがえております。

内容はいろいろ、芸術、あるいはそのほかの学術もはいってよろしいでしょう。さまざまな文化的施設をもりこんでゆくということでございます。

もうひとつ、名まえとして新京都ということばをかんがえているわけですが、新京都というと、旧市内は旧京都になりまして、ちょっとふるいイメージがでてしまう。むしろ、京都をもうひとつつくる、第二の平安京づくりということで、南京都でもいいかなとおもっているんです。南京都国民文化都市構想、こういうことでどうでしょうか。わたしは、それでいけるとおもっているんです。

じつはこういうのは、例がないことはない。ややにた例をいいますと、ローマが京都とおなじで、京都よりはるかに古代遺跡をたくさんふくんでいる。あそこはちょっとほって開発しようとすると、すぐに古代ローマのレンガの山にぶちあたるわけです。ローマは地下鉄がほれないいんです、京都もそうですけどね。ほるとすぐになにかでてくる。ひじょうにやっかいです。それで、京都の再開発、都市再建ということはたいへんむつかしいわけです。ローマもおなじ。ローマはついにエウルという、べつの都市を郊外につくって、これを新文化都市にしたてあげてしまった。これはいまひじょうにうまく展開しております。ローマからちょっとはなれたところにあります。ちょうど南山城ぐらいの位置にある。

じつは京都が戦後いちはやくこのことに気づいておれば、いろいろやれたはずなんです。たとえば、京都の周辺部でもっとちかいところによい立地がいくつかありました。山科《やましな》盆地、あるいは岩倉盆地。いま、ごらんなさい、どうしようもないです。手おくれです。全部虫くいになりました。あたらしい文化都市建設なんて、とうていできない。ちょっと油断していたわけですよ。

そうすると、のこっているのが、いま京都の周辺でそうとう大規模な、そういう新都市をつくろうとおもえば、もう亀岡か南山城しかありません。亀岡盆地はもうだめです。これはまた、むかしからしっかりした村や都市のたくさんあるところですから。南山城の丘陵地帯ならまだ都市がないんです。つまりやぶです。山です。これはつかえるということです。すこしとおいですけれど、やはりここしかどうも場所はなかろうというふうに、わたしはかんがえている。奥田先生がここに目をおつけになったというのは、先見の明がありました。

これは、いまのところちょっと距離があるようですけれど、交通整備をやれば京都中心都から二〇分もあればゆける。そういう道をつくることは、それほどむつかしいことではない。りっぱなものをつくりさえすれば、鉄道でもなんでも、自然にできてきます。ついてきます。要はりっぱなものをそこにつくる、二一世紀の日本の国民のために京都は総力をあげてプレゼントをのこすんだ、というかんがえでやればいけるとおもうんです。

文化の時代と新京都

新京都建設についての第二のご質問は、建設の方法はどうするんだという点に集約できるようです。わたしは、これはナショナル・プロジェクトですよ、ともうしあげました。それでは、どういうぐあいにしてナショナル・プロジェクトにもちこむのか。国民のコンセンサスをとりつけるにはどうするかという実際的な方法でございます。

そういう問題があればこそ、わたしは新京都国民文化都市ということをもうしあげているんです。ちょうど現在、日本はまさに文化の時代が到来したということが、しきりにいわれています。いっぽうでは、地方の時代が到来した。文化の時代、地方の時代というのは、全国の自治体をまきこんだこの二、三年のキャッチフレーズでございます。政策としても、ひじょうにはっきりうちだされてきた。そういう時代にどういうことがおこなわれるか。分散型の国土計画の時代にはいってきたんだということです。文化の地方分散というものを積極的にすすめてゆく。そういう時代になってきた。

わたしは現在、大平正芳《まさよし》内閣の「田園都市国家構想」というものをお手つだいしておりますが、内容はそういうことなんです。田園都市ということは、都市に田園をもってくることでもないし、田園を都市化することでもない。要するに、全国にさまざまな文化、あるいは産業、交通、そのほかをできるだけ均等に分散させることだと、わたしは解釈しております。

とくに、文化の時代といわれるように、文化の優先度がひじょうにたかくなってきている。文化施設そのほかの文化的刺激を、地方に分散させるということです。

新国分寺構想

それで、いまわたしがかんがえておりますのは、全国に何百か、巨大文化施設、複合文化施設群をつくるというプランでございます。これは国土庁あたりでもいろいろおかんがえがあるようですが、だいたいひとつつくるのに一〇〇億円ぐらいでできるんじゃないか。毎年一〇〇億円ずつ投資していって、一〇〇年かかったら一〇〇できるという発想です。わたしは、年にひとつずつではまにあわないから、もっとはやくつくれといっているわけです。これはナショナル・プロジェクトとして、そういう方向にすすめてゆく。

そこで、そのひとつを京都へもってこいというケチなことをいうのではありません。京都にはそれらの文化施設群の大本山を建設すべきだといっているわけです。そういうものの立地としては、京都しかありません。日本国じゅうほかのどこへもってゆきますか。つまり、全国に分散する巨大文化施設群のセンターを京都につくりましょうということなんです。

それはいくらかかるかわかりません。そうですね、五〇〇〇億から一兆円ぐらい投入すればできるのではないかとみています。この数字にはあまり明確な根拠はありません。筑《つく》波《ば》が全部で一兆四〇〇〇億円ぐらい投入されているのです。そのへんのところからかんがえますと、一兆円までかんがえておけばできるのではないか。

それで、つまりそういう分散型の国土計画にのったうえで、それの中心を京都につくろう。京都がもう一ど中心になってあげましょう。そういう話なんです。

これは梅原、上山両先生および林屋先生のご意見をうかがわなければいけないのですが、むかし、国分寺というものがありまして、全国に国分寺をつくった。そのことによって、日本の地方文化はいっせいに向上した。それとおなじことをもう一ぺんやりましょうということです。第三次全国総合開発計画（三全総）の定住圏ごとにひとつずつつくってゆく。定住圏はいままでにいくらぐらいやっていますか。二、三百。その中心に文化施設をひとつずつつくってゆけばよい。それは現代の国分寺です。

それに応じて、総国分寺をつくろうということです。つまり、東大寺です。あのときは奈良が都ですから、奈良が文化的中心であるから、東大寺は奈良につくった。それ以後はずっと京都が文化的中心です。その京都に総国分寺をつくるのは当然のことだという論理が、かくされているわけです。これでゆけば国民のコンセンサスはえられるであろう。さらに、世界のコンセンサスだって、えられるのだ。京都が名のりをあげたら、なるほどとおもうわけです。仙台や、名古屋が名のりをあげても、だめですよこれは。見こみはない。京都ならやれる。大阪でも東京でもだめなんです。京都は日本文化の回帰の原点である。心のふるさとです。知事さんみたいなことをいいますけれど、やはりここへかえってくる。そういうことです。

そのことは京都にとってなにをもたらすかというと、これはまた当然のことですが、京都はある意味で二一世紀の日本の再編成された国土のなかで、はっきりしたあたらしい位置づけができるということです。それは京都の再評価です。京都のもっている全遺産の再評価、いわばあたらしい京都文化の価値の再発見ということになろうかとおもうんです。京都というふるい町はこういうつかいかたがあったんだなということを、国民が全部わかる。そういうことです。

しかも、なぜこういうふうになってきたかという背景には、やはり日本国家あるいは日本社会全体の国際的地位の変化が微妙にからんでいるわけです。ご承知のように、日本の経済的活力がいろいろ世界にトラブルをまきおこす。攪乱《かくらん》要素になってゆく。そして油の問題もありまして、いままでのようにむちゃくちゃな高度経済成長をつづけることはできなくなった。しかも活力はあるわけです。日本国民はものすごい活力があります。その活力をいったいどこへむけたらよいのか。活力を維持しつつ、しかももの生産に直接むすびつかない方法があるかといえば、文化しかないのです。日本国民の活動力は文化へむかわざるをえない。だから、全体として、日本国家は文化を中心に再編成されてゆく。そのときに、文化をもって一〇〇〇年間生きてきたわれわれ京都が再評価されて、あたらしい位置づけを獲得してゆく。そういう構図でございます。うまくゆきますかどうか、わかりませんけれど。

追記

本文の質疑応答のなかで言及された、新都市建設計画は元京都大学総長の奥田東氏の提唱によるものである。学術研究を中心的機能とする新都市を、京都府南部に建設しようという壮大な計画である。京都府、大阪府、奈良県の三府県にまたがる丘陵地帯を開発しようというもので、京阪奈学術研究都市構想とよばれた。

その後、この計画にわたしも参加をもとめられ、文化機能を重視する構想を提案した（註1）。この計画は京都のみならず、関西各府県の関係者の注目をひいて、関西経済連合会（関経連）ほか諸団体の支援・支持がえられることとなり、現在では関西文化学術研究都市構想として活発な推進運動がつづけられている。

一九七八年一二月に大平正芳内閣が発足した。大平内閣では全国から多数の知識人、文化人の参加をもとめて政策懇談会を組織した。政策懇談会は九つの小チームにわかれて、それぞれのテーマをめぐって総理官邸において討論をおこなった。わたしはその最初に発足したグループ「田園都市国家構想」研究会の議長をつとめた。その席上でわたしは日本国土の文化的再編成のための試案として、各地方に巨大複合文化施設の計画的配置と、それら複合文化施設群の中枢機能をはたすべき中央文化施設の建設を提案した。この構想は、古代における各国に対する国分寺の分散配置になぞらえられ、その中心施設としての総国分寺の名をとって総国分寺計画とよばれた。そして総国分寺の所在地は京都でなければならない、というのがわたしの主張であった。

一九八〇年六月、大平総理の急逝とともに、この政策研究会も解散し、各チームによっておこなわれた政策の諸提言も実現をみることはなかった。

大平内閣政策研究会の各チームの討論と政策提言の内容はのちに「21世紀の日本学」シリーズとして四冊の本にまとめられ出版されている（註2）。わたしの総国分寺論の提言もそのなかにおさめられている（註3）。

（註1）　梅棹忠夫（著）「新京都国民文化都市構想」『中央公論』四月号　第九五年第四号　通巻第一一一八号　一〇〇―一一六ページ　一九八〇年四月　中央公論社　（「梅棹忠夫著作集」第二一巻『都市と文化開発』所収）

（註2）　内田忠夫（編）『国際化時代の新経済』「21世紀の日本学」　一九八二年六月　講談社

猪木正道、高坂正堯（編）『日本の安全保障と防衛への緊急提言』「21世紀の日本学」　一九八二年六月　講談社

梅棹忠夫、大来佐武郎（編）『連帯の思想と新文化』「21世紀の日本学」　一九八二年七月

講談社
日下公人、水野肇（編）『新世紀の日本人と世界』「21世紀の日本学」　一九八二年九月　講談社

（註3）　梅棹忠夫（著）「未来都市の構想と役割」　梅棹忠夫、大来佐武郎（編）『連帯の思想と新文化』　一三九―一八七ページ　一九八二年七月　講談社〔「田園都市国家の構想」と改題して「梅棹忠夫著作集」第二一巻『都市と文化開発』所収〕

Ⅳ わが京都

「奈文研」と太宰府

この京都市の歴史資料館でお話もうしあげるのに、よそのことからお話をはじめるのは、ちょっとおかしいかもしれませんが、わたしは、一昨日まで奈良におりました。奈良国立文化財研究所——通称、奈文研《なぶんけん》ともうします——という研究所がございますが、そこへいってまいりました。

あそこでは、発掘現場に屋根をきせまして、平城宮の遺跡がそのままに保存されていま す。そこを中心に平城京がそうとうおおきな面積にわたって保存されておりまして、展示館もございます。古代宮殿のあとでございますが、その克明な発掘、出土品のじつに精細な研究、ひじょうに丁重な保存方法と、いろいろなことがおこなわれているわけでございまして、古代の日本国家の宮殿がどういうものであったか、たいへんよくわかるようになっております。

じつは、その一日まえ、わたしは九州の太宰府《だざいふ》へいってきたんです。あそこにも九州歴史資料館というものがございまして、これは県立の機関でございますが、九州、とくに太宰府で発掘された出土品史料、これは膨大なものなんですが、ひじょうによく研究されて、きちんと整理がなされておりました。

そういう歴史資料発掘と、研究、保存という事業が、まさに本格的規模ではじまって、進行しているというのをみてきたわけでございます。正直もうしまして、文化国家として日本国家もすてたものではない、というのがわたしの実感でございます。これは世界でこういうものがこの程度の精密さでおこなわれている国というのは、そうたくさんあるものではないと、じつはおもっているんです。世界では、わたしは世界じゅうあちこちあるいておりますけれど、そういう歴史、遺跡の保存なんかに熱心な国というのは、ほんのひとにぎりです。大部分はもうめちゃくちゃで、ほうりだしてあるのが実状でございます。

そういうのにくらべますと、日本は程度がよろしいです。どうもわれわれ、文化国家として日本政府のやりかたはなっていないなどといって、いままで悪口ばかりをのべてきたきらいがありますが、どうもかならずしもそうではない、ちゃんとやっているということですね。日本もすてたものじゃない。

それにひきかえ、京都市はなんですか、こういいたい、とおもっていたんです。なにもやらないではないかと。これだけ膨大な歴史をもって、たくさんの史料をかかえている京都市が、資料館のひとつもつくらずにいっこうにおみこしをあげない。こうおもっておりましたら、じつはそのあいだに着々と計画がすすんでいたわけです。この二〇年ほどのあいだに、『京都の歴史』を編纂《へんさん》しながら膨大な古文書があつめられていた。それで、ようやくここに、京都市歴史資料館が開館されたんで、これでやっとひと安心と、わたしもよろこんでいる次第でございます。

もちろん京都には、ほかにも京都国立博物館があります。これは国立の施設でございますが、それから京都府の府立総合資料館というようないくつかの資料館がございます。それから市のほうでも、すでに考古資料館ができておりますし、あるいはまた、この歴史資料館にひきつづきまして、民俗資料館も計画中であるとうかがっております。こういうものがぼつぼつと整備されつつある。まことにけっこうなこととよろこんでおります。

京都サラブレッド中核市民団

きょうの演題は、「わが京都」というのでしゃべれというお話ですが、これはひどい題でございまして、いったいなにをもうしあげてよいのか往生しております。

ご紹介いただきましたように、わたしは、この都市でうまれまして、ここでそだった人間でございます。わたしで四代目、一五〇年間京都にすんでおります。すでにわたしのあとに子ども、孫と二代ができておりますので、六代の京都市民でございます。ほんとうにわたしにとってはなつかしい都市でございます。

じつはわたし、現実には大阪府下の千里にすんでおります。千里にすんでおりますが、本籍はもちろん、住民票も京都にのこしておりまして、税金も京都でおさめております。その意味では現在も京都市民でございます。

ただ、京都がわたしの故郷《ふるさと》といわれると、すこしこまるんです。わたしは故郷という感覚はまったくもっておりません。まさに「わが京都」であり、京都がわたしであるというので、京都はかえるべき場所という意味での故郷ではありません。

これは、わたしども代々の都市居住者にとって本質的な問題だとおもいます。都市居住者には故郷はないのです。都市というものは、一般的におもいうかべられる「故郷」ではありません。わたしどもには子どものときから聞かされました「ウサギ追いしかの山、小ブナ釣りしかの川」というイメージはまったくありません。そういうものとはちがうのです。これはもう、なんともうしますか、はじめから町のなかでそだったものにとっては、ウサギも小ブナもヘチマもあるものか、というのがわたしの実感でございまして、故郷よばわりされると、たいへん違和感をおぼえるのです。

いまちょっとじっさいの居住地と住民票の住所とがべつべつになっておりまして、いささかぐあいがわるいんですが、いずれはまた一致するようになると、自分ではかんがえています。

この京都という都市には、こういういいかたはおかしいかもしれませんが、わたしのような先祖代々の純系の市民、いわば京都サラブレッドともいうべき中核的市民層、市民団ですね、それがかっちり存在する。かれらがこの都市の文化をささえてきた、あるいは文化をまもってきた、というようにいってもよいのではないかとおもっています。

そういう京都サラブレッドの中核市民団によって、この都市の文化がまもられ、それが全国に、あるいは全世界に、京都という都市の名まえをとどろかせているのだとおもっているわけです。そしてわれわれ京都サラブレッドの中核市民団にとりまして、この町はやはり永遠の都でございます。わたしが、子どものときからきかされてきました伝承ともうしますか、かんがえかたによれば、京都は王城の地、いまでも首都である、東京は行在所《あんざいしょ》にすぎない。じじつ、遷都令というものはでておりませんのですから、法的には京都が潜在的首都であるというかんがえをもっているわけでございます。

まあ永遠の都、これは、日本の都が京都からはなれることはないんだという、一種現実無視のイデオロギーかもしれませんけれども、そういうふうにおしえられ、かんがえてきたわけでございます。

ローマは永遠の都「チッタ・エテルナ」といわれておりますが、京都もまた、日本のチッタ・エテルナであります。

ウルバノセントリズム

かなりイデオロジカルな表現になりますけれども、日本はほろんでも京都はある、わたしなんか、やはりそういうふうにかんがえています。日本がどうなっても京都は存在する。その意味でまさに、京都は永遠の都であるというわけです。

京都には、ことばにちょっとこまるんですが、ウルバノセントリズムとでもいうべき中華思想があります。わたしは民族学をやっておりまして、民族学者のいちばんおおきな役わりは、エスノセントリズムの克服だということかとおもうのです。エスノ、あるいはエスニックというのは、民族ということです。ですから、民族的自己中心主義ですね。世界に冠たる日本文化――こういうのもエスノセントリズムです。だれがなんといおうとも、わが民族の文化がいちばん上等なんだというかんがえかた、これをエスノセントリズムといいます。人類学者、あるいは民族学者というのは、それをひとつずつつぶしてあるく役なんです。文化というのはすべて相対的なものです。どれがとおとくてどれが質がわるいということはありえないのです。全部おなじ平面にならべてかんがえるべきである、というのが、われわれ民族学者が努力して立証してきたかんがえかたなんです。

にもかかわらずわたしは、京都についてかんがえるときは、いっぺんにその民族学者の立場をわすれてしまうんです。都市のエスノセントリズム、ラテン語の都市の形容詞形をつかってウルバノセントリズムとでもいいましょうか、そういうふうにいっぺんになってしまいます。それで、むしろその点では、エスノセントリズムよりももっとつよい、民族的なものをこえて、都市としての文化を優先させてかんがえてしまうのです。というと、いまわれわれ学問の研究者としての立場、これは普遍的な国際的なものでございますが、同時に、しばしば現実の問題につきましては、やはり国益というようなものがでてくる。国益中心主義というものをわれわれ自身もかんがえざるをえない場面があるわけでございます。

そういうことをかんがえますと、ウルバノセントリズム、都市中心主義というもので、しばしば、国益をこえて、都益ともうしますか、都市益、この都市にとってなにが利益かということを、やはりかんがえざるをえない。そういうことがあるとおもうんです。それによってまた、都市の文化というものは維持されている。世界の諸都市、ふるい諸都市にはみんなこのウルバノセントリズムが多少ともあるにちがいない。パリ、ローマはいうまでもございませんが、現在、京都市が姉妹都市の協約をむすんでいるような各都市というのは、それぞれの都市のそだてたサラブレッド中核市民によるウルバノセントリズムがあったにちがいないとおもいます。これでどうやら、それぞれの都市が、単なる普遍、ユニバーサルなものに拡散しないで、はっきりした固有の文化というものをまもってきたのではないかと、わたしはかんがえています。

固有文化の牙城

京都の場合は、いまのウルバノセントリズムのひとつのあらわれだとおもいますが、わたしどもは、これこそは最後の日本文化の牙城《がじょう》である、とかんがえております。日本文化もだんだん普遍的なもの、世界的なもので色をうすめられて、拡散状況にはいっているが、京都にはまだ固有文化があります。京都は「近代」という名でうすめられ拡散された普遍的世界的文化でないものをいまだ保持しております。もし京都がだめになれば、もうこれは日本がだめになる日である。これこそはわたしどもが、固有の文化としてまもるべきものでしょう。じじつ、京都にはまもるべきものが無数にあります。日本文化のエッセンスというものがここに凝縮して存在しているわけでございますが、それを研究し、保存するというような仕事がやはり、かならずしもじゅうぶんにおこなわれているとはいえないとおもいます。

現在、日本文化研究所の創設ということが話題にのぼっているようでございますが、じつは、京都に国立の日本文化研究所をつくりましょうという話は、ここにおみえの京都国立博物館長の林屋辰三郎先生ほかなんにんかのかたと、十数年まえに計画をたてたものでございます。日本文化研究所というのは、ここ京都をおいてほかには、どこにつくるのか。京都こそは、日本文化を本格的に研究する大中心をおくべき地であるというかんがえで計画をつくったのでありますが、実現しないまま、ずるずると今日にいたったわけでございます。

最近ようやく、また、そういうものを検討しよう、かんがえようではないかという気運がでてきております。たいへんこれはけっこうなこととかんがえております。

伝統の装置化

さいわいにも、まさにさきほどもうしました京都サラブレッド中核市民団の努力と熱意によって、京都の文化のかなりのものがまもられてきたということは事実であります。

ここも資料館ですが、わたしが現在やっている仕事も博物館でございまして、これも一種の資料館でございます。博物館というのはなにをやるところかともうしますと、ご承知のとおり、まず、とにかくものを収集して保存する。それで巨大な収蔵庫というものをもっております。わたしどもの千里の国立民族学博物館へおいでいただいたかたもいらっしゃるかとおもいますが、あれはそうとうおおきな施設でございますが、二階が全部公開*されて、展示場になっております。あれの一階全部が収蔵庫なんです。現在十四、五万点の品物を収蔵しているのですが、展示場に展示しているのは、じつは七〇〇〇**点でございます。どんどん収蔵品のなかみはふえてゆく。これは博物館の宿命でございます。ヨーロッパあたりでも、博物館というものは、まあ三〇年すればおしまいだ、三〇年すればどうにもこうにもならんようになってパンクする、それでまたあたらしい博物館をつくるということだそうです。

わたしどもの博物館は、現在（一九八二年）創設以来八年、開館して五年ですから、まださきはながいですけれども、これもしかし、いずれはパンクする時期がきます。すでにいまもうパンク状態でして、あたらしい棟をたてています。うしろに敷地が、はじめから計画的にはかってとってあるんです。そこにつぎつぎにあたらしい棟をたててゆきます。しかしそれも数年でいっぱいになります。博物館というものは、それが宿命でございます。

ただ、ふるいものならなんでものこせ、のこすのが使命だ、ということばかりではないので、収集品は研究資料ではございますけれども、同時にそれは市民のみなさんにみていただかなければならない。それが博物館、資料館の使命でございます。

国立民族学博物館の場合は、諸民族の文化の膨大な資料を展示することによって、入館者に偏狭なエスノセントリズムを克服してもらうための、物質的装置といってよいかとおもいます。

この京都市歴史資料館の場合、歴史資料なら、歴史を単に歴史として展示するというだけでなくて、わたしどもからもうしますと、たとえば京都市の史料を展示するということは、客観的な京都市民の立場をはなれて、それをこえて、ある種の市民精神作興運動の拠点になるべきものだと、わたしはこうおもっているわけです。これでまた、そのつぎの世代の京都サラブレッド中核市民団がそだってゆく。つぎつぎとそういうものがそだってゆくことによって、バトンをわたしてゆく。こういうものがきれたら、もうおしまいだということですね。そのための、精神的な伝承をつたえるための物質的装置がこの資料館だということです。

その意味で、いずれできるとおもいます京都民俗資料館、あるいはそれをこえたいっそう包括的な京都文化の博物館というようなもの、それはそれぞれ、そういう役わりをはたしてゆくものだというふうにおもっているのでございます。

できるだけはやく、総合的な都市博物館としての京都博物館というものができることがのぞましいとかんがえているわけであります。それは単に、その発掘資料あるいは歴史資料というだけではなくて、京都市民の精神をつぎの時代に、バトンをわたしてゆくための仕かけとかんがえてゆきたいとおもっています。

＊　二〇〇五年現在、二五—六万点を収蔵している。
＊＊　二〇〇五年現在、約一万点に増えている。

ウィリアムズバーグ

じつはそれは個々の資料の集積だけではございませんので、京都の都市そのものが、そういう博物館なんだということですね。都市そのものが、やはり中世以来の面影をのこしている部分がたくさんございます。そのまま都市そのものを保存するということも、また必要である。

遺跡の保存、遺物の保存、伝承されてきた品物の保存のほかに、町なみ保存ということがおこなわれております。京都にもたくさん、うつくしいベンガラ格子の町なみがあるわけで、現に祇園《ぎおん》の一郭が指定をうけまして、町なみ保存がおこなわれております。

かんがえようによっては、この京都という都市の中心部は、すべて保存にあたいするのではないかというかんがえかたさえでてくる。ヨーロッパにはいくつか、そういう中世都市の面影をふかくのこした都市をまるごと保存している場合がございます。都市とまではゆかなくても、かなりのおおきさの集落をそのまま、いっさい手をくわえることはまかりならんというかたちで、ぴしっと保存しているというのがございます。住民はそこでじっさいに生活しておりますから、全部生きているわけです。集落は観光客がたくさんきますので、住民たちは旅館やレストランやみやげもの屋を経営して、じゅうぶんに生活がなりたつわけです。わたしは、ヨーロッパでいくつかそういう例をみております。

ひとつの都市がそっくり博物館になっている例としては、アメリカのウィリアムズバーグをあげることができます。ウィリアムズバーグというのは、一八世紀末のいわゆるバージニア植民地の首都だったところで、アメリカ独立前に植民地議会がここにひらかれ、おおいにさかえた町です。それがその後、荒廃していたのが、ロックフェラー財団の手で復興され、現在では町全体がひとつのおおきな博物館として観光客をあつめています。建物は当時のままで、鍛冶屋《かじや》や靴屋、ろうそく屋などといった各種の店がそのままひらいていて、じっさいにものをつくってみせています。レストランは店内の椅子、テーブルはもちろん、メニューも一八世紀末そのままで、料理の種類からサービスの仕かたまで、むかしのままです。レストランの給仕人も男女とも一八世紀の風俗ででてきます。ただ、この給仕人たちは土地の大学生のアルバイトのようです。

ウィリアムズバーグは、ある意味でアメリカ最大の博物館で、毎年おびただしい観光客をむかえております。一九七五年の一〇月に天皇陛下がアメリカを訪問されたときにも、最初の訪問地はこのウィリアムズバーグでした。この町も単に歴史的遺物を保存しているというだけでなく、やはりアメリカの建国の精神を、現代のアメリカ市民につたえるための物質的装置としての機能をはたしているものとおもわれます。

そうかんがえると、京都もかなりの部分そうではないか、都市全体が博物館だということでございまして、京都はひとつの博物館都市である。それで、博物館都市としての京都をどうつたえてゆくかというような話にもなってくるわけではないか。ずっと極端にいまのようなかんがえを延長してゆきますと、そういうことになるわけでございます。

以上がひとつの「わが京都」論でございます。

停滞のくやしさ

まったくちがう話をもうしあげますが、わたしはこの数年間、日本国内をかなりあるいております。だいたい、仕事の関係で旅行といいますと外国旅行がおおいのですが、ほかのいろいろな仕事のつごうもございまして、日本の諸都市もある程度、ごく最近の状況をみてしっております。この四、五年間、西日本の諸都市をだいぶまわりました。広島、高松、それから九州の福岡、熊本、長崎、鹿児島というような都市をずうっとまわって、この数年間の状況をみてきたのでございますが、これは正直もうしまして、おどろくべき変《へん》貌《ぼう》ぶりでございます。大躍進。西日本諸都市というものは、この五年あるいは一〇年間に都市機能が充実し、堂々たる市街地ができあがっている。

それとくらべると、わが愛する京都の現状はこれはどういうことなのか。ざんねんですけれど、相対的に没落しております。西日本諸都市の充実ぶりにくらべて、京都は一〇年間ほとんどかわっていない。まあ人口はそうとうおおきいですし、ある程度情報や富の蓄積もございます。しかし進歩発展ということに関しては、西日本諸都市の躍進ぶりにくらべて、わが京都の停滞ぶりは、これはおおうべくもないとおもうのでございます。

京都は、率直にもうしまして、ひじょうにうつくしい町です。わたしは外国からかえってきましても、この町へたどりつくとやすらぎをおぼえ、ああうつくしい都市があったとよろこんでおります。また日本の諸都市からでも、京都にかえりつきますと、ほんとうによかったとおもうのでございます。たしかに京都には、やすらぎとおちつきがございます。しかし、ふとふりかえってかんがえますと、これだけか、とひじょうにさびしいものをやはり感じざるをえない。現代都市としての蓄積があまりにもとぼしいということなのです。過去の歴史的蓄積は、さきほどいいましたようにいっぱいある。しかし、現代都市としては、これはやはり、いまでは二流といわざるをえない。都市としてのダイナミズムが欠けております。沈滞・停滞ということばであらわさざるをえないのではないか。都市に生命力ということばを適用できるとしたら、京都の都市としての生命力は、もうおとろえている、老年期にはいった、都市としての生殖力がひじょうによわっているのではないか。どうもそういう感じがします。

これはさっきの博物館の話でございますが、博物館というものは、本質的にある矛盾をもっているものなんですね。さきほどもうしましたように、つぎからつぎからと博物館全体をふくらませてゆくと、やがてパンクする。博物館として充実すればするほど、博物館としての機能をうしなうようになっている。博物館都市としての京都もまた、そういう運命をになっているのではないか。博物館として遺跡や旧跡の保存に熱意をもてばもつほど、現代的なダイナミズムからはとおざかってゆく。博物館都市としての矛盾は、この町ではもはやさけることはできないのではないかというふうにおもいます。

保存の矛盾

博物館には、こういうことがあるんですね。さきほどもうしあげました太宰府でございますが、つぎからつぎへと発掘をおこなって、成績があがると、土のなかからでてきた瓦《かわら》その他の瓦礫《がれき》の山ができあがる。それを全部すてることができない。保存に徹するとすれば、どうするか。これは袋につめておいておくしか仕かたがない。おなじことは平城京にもおこっております。どうしようもない。研究もできないんですね。しかしすてるわけにいかん。けっきょく、ほってきたものを瓦礫ごと全部袋につめて、平城京の奈良国立文化財研究所の倉庫にしまいこんであるんです。そのうち倉庫が一棟ではたりないようになって、いま五つぐらいありますかね、つぎからつぎとふえてくるわけです。あれをいったいどうするのか。最後はどうするんでしょうね。

先日、じつはどこかの県の教育委員会が、これに往生しはてて、発掘物を全部すててしまった。まことに勇気ある処置ではあったかとはおもいますが、さすがにこれは大問題になった。保存ということをかんがえれば、運命はそうなるものときまっているのです。博物館の矛盾でございますが、そういう保存にともなう運命的矛盾というものはあるのだということです。博物館都市としての京都もまたこの矛盾からのがれることはできない。文化の保存ということに徹してゆけば、いずれ京都はある矛盾に逢着《ほうちゃく》して、自己崩壊をするであろうということであります。極端にいうと、一二〇〇年の都、京都全市の完全保存ということになります。それでは、全市完全保存するにはどうするか。完全保存のためには、京都全市を冷凍庫にいれなければならない、わたしども京都に生活している市民もまるごと冷凍庫いりです。わたしはしかし冷凍庫へいれられるのはいやです。そのへんに矛盾があるわけです。

ウィリアムズバーグなどは、冷凍されることによって生きる道を見いだしたという例で、都市としてはちょっとめずらしい。

京都は大都市ですからそうはゆきません。けっきょく、全市にわたる膨大な史跡、あるいは文化的伝統をいかにして保存するか、その保存ということと近代化ということで、やはりこれは、ある種のおおきな矛盾をもっているんだということでございます。京都を保存しようとおもえば、冷凍しかない。

じじつ、わたしは現在でも京都がひじょうにうつくしくのこっているのは、戦後、ある程度の冷凍がおこなわれたからだとみています。戦後京都はほとんどうごかなかったんです。その結果として、なるほどみごとに保存はできた。しかしそのかわり、ダイナミズムはうしなわれた。京都市民がひっそりとくらしているあいだに、他の西日本諸都市が大躍進をして、京都は二流都市になった。かんたんにいうと、そういうことだとおもいます。

スクラップ・アンド・ビルド

けっきょく、戦後京都の都市機能をとってかんがえましても、やはり破壊されているところがうごいているんですね。あの戦争中、京都はほとんど爆撃をうけなかった。非戦災都市ですが、戦災に準ずる「破壊」をだいぶやったわけです。疎開による都市計画ともうしますか、いまのあのひろい五条通《どおり》、御《お》池《いけ》通、堀川通はそれでできたんです。まあいわば、戦災を自己演出して、計画的に破壊した。それによって設備の更新が進行したんです。

いわゆるスクラップ・アンド・ビルドですね。戦災がなかったということには、功と罪と両面あるとおもうんです。戦災がなかったために京都はかずかずの不幸からのがれることができたのは事実ですが、しかし、現代日本のエネルギーはどこからでてくるかというと、これは戦災からでてきた。戦災によってふるい蓄積が全部一掃されたからこそ、力がでてきた。もし、日本の諸都市が戦災にあわず、江戸時代からの遺産を全部背おったままであったら、今日の日本はとうていありえない。そのありえない「日本」が京都なんですね。京都は前代の遺産をいっぱい背おいこんで、自己更新できなかった。いまいいましたようないくつかの大通だけが、自分で「戦災」をやって、自己更新をなしとげた。

もし都市というものが、保存ということを本気になってかんがえるならば、都市はみずからを凍結しなければならない。すでにそとからは、京都の凍結をせまる要求がいっぱいでております。他郷のひとは京都市民の生活を無視して、無責任に京都の遺跡の完全保存を要求します。古都保存法というのも、つかいようによっては、そういうことになりかねない。京都はある意味で自己凍結をそとからせまられているわけです。京都市民は、そとから、法律的にもあるいは世論としても、自己凍結をせまられている。いまや古都として、あるいはそういう巨大な博物館都市として、京都市全体を凍結しようという作戦が、全国規模あるいは全世界的規模で、はじまっているわけです。それはどういうことをもたらすかというと、京都市民は近代生活をおくることを拒否されるということです。ウィリアムズバーグの市民たちが一八世紀末の衣装をつけ、当時の生活をすることを強制されているように、京都市民は、江戸時代人として生きるか、寛永《かんえい》のむかしの寛永人として生きるか、あるいは室町時代人として生きるか、もっとさかのぼって、平安人として生きるか、そういう超時代的な生きかたをせまられているということだとおもうんです。

これは主として、内部よりもそとからの力がひじょうにつよくはたらいております。他郷の人びとによる京都封じこめ作戦が現在進行しているのだ。ということは、さきほどのヨーロッパにおける完全保存都市や、アメリカのウィリアムズバーグとおなじ運命が、京都に要求されている。つまり京都は、観光都市として、観光客相手にたべてゆきなさい、そのすべてを保存しなさい、というところへさしかかっているのではないでしょうか。

天然更新と活力

これはわたしどもがかんがえております「永遠の都」とはちがうんです。精神においてだいぶちがう。わたしどもが、花の都、永遠の都「チッタ・エテルナ」とかんがえていたのは、あるいはすでにこれは、アナクロニズムであったかもしれない。京都というのは、もはやそういう都市ではなくなっている。ただの観光都市になりはてたのだ、なりはてて生きてゆきなさい、ということを全国からせまられているのではないか。京都以外の異郷の人びとの京都観は、わたしどもがかんがえるような栄光にみちたものではなくなっている。単なるむかしの遺物の見せもの、観光地としてしか認識していないのではないか。

この都市には、いまでも、若干ではありますけれども、さきほどもうしました京都サラブレッド中核市民団というものがまだ存在します。これはすべて、意識において一流志向、すべて一流でないと満足できない、ひじょうにプライドのたかい市民団でございますが、しかしプライドにともなう力はあるか。力をともなっているのかどうか。力にはいろいろの力があります。ひとつはやはり経済力ですが、経済力だけではなく、たとえば政治的交渉力、政治力というものがあるのかどうか。中央政府との交渉力があるかどうか。日本はほろんでも、京都は存在しつづけるはずなんです。ちょうど中世のイタリアにおけるフィレンツェをかんがえればよいでしょう。イタリア全土は戦乱の巷《ちまた》になっても、フィレンツェは政治力・外交力を駆使して、ちゃんと生きのこった。京都もそういうものだとおもうんです。応仁《おうにん》の乱をはじめ、いくたびもの戦乱・政変をくぐりぬけ、生きぬいてきた。京都の未来もそうありたいものであります。

ただそういう政治力が現在なおあるのかどうか。あたらしい文化をここで形成し創造してゆく、文化創造力がこの町にほんとうにあるのかどうか。そういうことをかんがえますと、これはやはり心ぼそいといわざるをえない。さきほどもうしましたように、停滞がはじまっている。都市のダイナミズムは、この町からはすでにうしなわれている。

この都市を再生させるというのはどういうことか。都市は、たとえていえば森林のようなものです。森林は生きている。森のなかはかならず天然更新というものがおこなわれているわけです。天然更新というのは、森林を構成している一部の木がみずからかれて、そのあとに新芽がでる。つぎつぎに木そのものはおきかえられてゆく。しかし全体として森はちゃんと存在する。これが天然更新です。そとからみておりますと、まったく森林としてしずかで、なにもうごいていないようですが、森林というもののダイナミズムは、内部ではひじょうないきおいで進行しているわけです。それがどうも京都にはないのではないか。この都市はそういう意味では、天然更新、新陳代謝というものが、めざましく進行するのはむつかしいのではないか。これは成長期をすぎた森林なら、そういうようになるかもしれないのですが、まことにしずかなことになっているわけです。

これで二一世紀にゆきつけるのかどうか、二一世紀の京都はいったいどうなるのでしょうか。やや心もとないという面がないわけではない。これが「わが京都」の第二の面です。

軽佻浮薄への願望

第一の面で、「永遠の花の都」ということをもうしましたが、第二の面として、やや悲観的なことをもうしました。だから「わが京都」という題をいただきましたが、さきほどから正反対のことをふたつもうしあげたわけです。京都は分裂しているということで、わたし自身の心の分裂をあらわしてもいるわけです。それは、京都市民一般の心の分裂でもありましょう。

京都市民の心のなかにも、他都市とおなじようにダイナミズムにみちた近代都市の生活を享受したいという欲望がもちろんあります。いわば、近代文明の普遍主義に身をまかせてしまいたいという欲望です。いっぽうでは普遍主義を拒否して自己の特殊性をまもりたいという気もちもあります。その抵抗力はまだ京都にありましょう。しかし、それのゆきつくさきは自己凍結しかほかに方向はないのではないか。永遠の都「チッタ・エテルナ」をまもるためには、自己を凍結するしか手段はないのではないか。

ここは、一二〇〇年間の人間のどろどろとした情念がうずまき沈殿してできあがった都市であります。人間のありとあらゆるいやらしいことがある町だと、わたしはかんがえております。それは一種のあやかしの、妖怪変化《ようかいへんげ》の棲《す》む町でございます。それだけに普遍的・近代的なものに対して抵抗力がある。と同時に、普遍性・近代性にむかって適応し、自己を変革することがひじょうにむつかしい。

普遍性というと聞こえはよろしいけれど、風俗的にもうしますと現代の軽佻浮薄《けいちょうふはく》をどれだけ受容するかということです。軽佻浮薄なながれに対抗して、歴史と伝統の重厚さで生きてゆく。これもひとつの生きかたですが、他方でそういう気もちをもちながら、それでいて、自分自身も軽佻浮薄の第一線にたってはしゃぎたいんだという気もちがないわけでもない。このあい反する気もちをどう処理するか。

古典都市の呪縛

歴史的にみると明治維新以後、京都はむしろ文明開化の先頭にたって、おどろくべき自己革新をかさねてきたようにみえます。近代日本の新奇なる事物の大部分は京都にはじまったという感さえもあります。京都が殻をとざし伝統主義路線におおきくかたむきはじめたのは、むしろ戦後のことではないでしょうか。戦災をうけなかった都市、日本文化のエッセンスをまもれ、という声は市民のあいだよりも、外部からの大合唱としてはじまったものです。その結果、京都はみごとに国際的古典都市として自己を確立することに成功したかのようにみえます。この保守路線は、しかし意外な結果をもたらす可能性をはらんでもいます。

ひじょうにおもしろいとおもいますが、この都市があらためて一躍世界に名をなしたのは、ヒッピー世代によってなのです。アジアにおける三大ヒッピー都市として名まえがでてきたのです。京都とネパールのカトマンドゥとアフガニスタンのカーブル、この三都市がヒッピーのたまり場になった。ヒッピーたちによって、魑魅魍魎《ちみもうりよう》のいっぱいいる京都のおもい扉は、こじあけられたんです。いま京都には、型どおりの観光客も外国からたくさんきますけれど、同時に、対抗文化《カウンターカルチャー》のにない手としてのわかものたちもおびただしく流入してきていることをわすれるわけにはゆきません。あたらしい、おもいもかけなかったところから、まったく別種のダイナミズムがでてきているということでしょうか。それがはたして京都の未来にどういう結果をおよぼすか、わたしにはちょっとわかりませんけれども、あるいはこういうところに京都の未来への道がひらけてくるのかもしれない。カトマンドゥなどとともに、世界にひらきつつ、しかも一種特殊な性格をもつ都市として評価されることになるのかもしれない。ある種の文化的創造というものも、こういうところから芽がでてくるのかもしれません。

だいたい二どさかえた都市はないんだということをいうひとがあります。京都はもはやじゅうぶんさかえてしまった。あらためて隆盛にむかうことはないんだといわれるかたもいらっしゃいますが、しかしある種の活力のとりもどしということはできるはずです。この都市もやりようによっては、もう一ど、二一世紀における活力をとりもどす可能性は、わたしはじゅうぶんにあるとおもいます。

それはどういうところからでてくるかというと、これはやはりそうとうおもいきったことをやる必要がある。転身をする必要があるとおもうんです。たとえば、やぶれかぶれのような話ですが、都心部の木造建築を全部ぶちこわし、鉄骨の建物につくりかえる、こういうことがもしできたら、これは活力をとりもどせるかもしれない。ある高名な東京の建築学者が京都市街における富の蓄積を集計されたことがあります。わたしはその数値をきいて、あまりにも少額なのにびっくりしました。こんなものは、全部とっぱらって造りかえたところでたいしたことはないんです。いまのかたちのままで二一世紀を生きのびられるのかどうか。わたしは、つぎの世紀には京都はまだ二流都市の段階にとどまっているとおもいます。下手をすれば、三流、四流と、だんだんおちこんでゆく可能性があるのです。とすると、全部ぶちこわして、おもいきった転身をはかるというぐらいのかんがえかたもあってよい。

新京都への脱出

歴史の蓄積、伝統、これはみなそのとおりだとおもうのですが、そういうものをこえた、きわめて簡明な、そして活力のある都市・京都をどのようにしてつくりだすかをかんがえる時期がきているのです。

じつはわたし、数年まえから京大の元総長の奥田東先生といっしょに文化学術研究都市の建設を提案しております。日本のあたらしい文化首都をつくりだそうという計画なのです。京都の都心部の木造建築をぶちこわせというのは、現在ではもうちょっとむちゃな話で、これはできない。できないならば、もう京都の北半分つまり旧市街は凍結だ、旧市街から脱出して南半分にまったくあたらしい、活力にみちた新京都というものをつくりだそうではないか。それは京都市民だけでできることではない。しかし、全国、全日本の文化の中心として、全国の協力をえるならば、それはできない話ではない。南のほうに新都市をつくればよい。それによって、もう一ど、旧京都と新京都が手をむすんで、あたらしい発展という道をさぐってゆくことができないか、このようなこともかんがえているわけでございます。

一見、夢のような話でございますが、とにかくなにか、やはりかんがえなければならない。京都サラブレッド中核市民団の一員といたしましては、本気になって二一世紀の人たちにバトンをわたさなければならない、というようなことをかんがえている次第です。

追記1　国際日本文化研究センターの創設

国立の日本文化研究所の構想は、その後、関係の研究者などによって慎重に検討された結果、一九八七（昭和六二）年五月二一日、名称を国際日本文化研究センターとして創設された。所長には構想段階からかかわっておられた梅原猛氏が就任、一九九〇年をめどに京都市西京区桂地区にセンターを建設する予定である。

追記2　京都文化博物館の開設

京都府は、京都府文化懇談会（座長・岡本道雄京都大学名誉教授）の提言をうけて、京都文化の博物館を開設することを決定し、その準備のため、一九八六年八月、財団法人京都文化財団を設立した。この博物館は、京都の歴史、文化を総合的に紹介するものである。現在、三条高倉に建物を建設整備中で、一九八八年秋には京都文化博物館として開館される予定である。

V　文化首都の理論

大阪21世紀計画

京都の話とはちょっとちがうのですが、大阪のことからもうしあげたいとおもいます。じつは、この土曜日に大阪21世紀計画の開幕式というのがございました。大阪城のすぐ横にあたらしくたちました多目的ホールで、皇太子殿下ご夫妻のご臨席をたまわり、盛大な開幕式がおこなわれたのでございます。格調ただしく最初は能からはじまりまして、文楽、歌舞伎《かぶき》、宝塚、ＯＳＫのみなさんによるおどりというようなものがありました。まあそれはよろしいのですが、最後に市民の各団体がどっとくりだしまして、ホールいっぱいに活気のあるおどりを展開いたしました。たいへん強力な開幕式だったのでございます。

それにひきつづきまして、日曜日に、こんどは御堂筋《みどうすじ》の端から端まで大パレードがおこなわれました。参加人員が一万人ではとてもきかないとおもいます。たくさんの企業や各種団体のフロートも参加したのでございます。わたしは大阪21世紀協会の役員をしておりますので、この一部始終をみました。そのときの感想をひとこともうしあげたいとおもうのです。さまざまな企業のフロートやたくさんの市民団体の参加行進があったわけですが、そのなかで京都の企業でフロートをおだしになったのは、ワコール一社でございます。京都の諸団体、諸企業で参加されたのは、ワコールのほかはひとつもございません。これは京都側の立場をかんがえますと、かなり重大なことであるというふうにおもえました。もうひとつ、当日は日本銀行大阪支店のまえに招待客の観覧席がもうけられてあったのでございますが、京都のかたでその席におつきになってあのパレードをご覧になったのは、わたしが存じあげておりますのは、これもやはりワコールの塚本幸一さんおひとりでございます。ほかにもいらっしゃったかもしれませんが、わたしは気がつかなかったのです。これもかなり重大なことだとわたしはうけとめたのでございます。

大阪21世紀計画、これはたしかに大阪の話です。しかし、大阪21世紀計画が一大阪にとどまらないということは、これは歴然たる事実でございます。大阪は、近畿あるいは全国のサポートのうえにたって大阪21世紀計画をやろうとしている。そこに京都がほとんど参加していないということは、将来どういう結果をうむかということでございます。とくに京都は、つぎつぎとおおきな計画が今後にひかえております。建都一二〇〇年あるいは京阪奈文化学術研究都市計画というようなものがでてくるわけです。そのときに大阪がまったく参加しない、あるいはサポートしないということになるとどうなるのでしょうか。わたしはこの二日間の経験で、京都の前途に対してたいへんくらい影を感じたのでございます。つきあうべきときにつきあっておかなければどうなるかということです。わたしは京都と大阪の距離のおおきさにいささかおどろいた、というのが正直なところでございます。

はるかなる大阪

わたし自身は現在京都市民でございますが、現実には、しばらく仮ずまいともうしますか、出向社員のようなかたちで大阪で仕事をしております。しかし、やはり京都の市民として京都の前途をいろいろかんがえているのでございます。わたし自身は足を両方の都市にふまえておりますので、ふたつの都市の距離というものがわかっているつもりでありました。ひじょうにちかいのでおたがいにうまく連携をとりあいながらやれるのだとおもっていたのです。ところがその二日間の経験をみますと、これはどうも前途多難だなというのが正直なところです。これはいかん。もうひとついいますと、大阪21世紀計画の開幕式および御堂筋パレードというふたつのイベントをみまして、大阪のもっている底力のおおきさというものにほんとうにおどろきました。大阪というところは、やろうとおもえばこれだけのことがやれるんだ。それが二一世紀にどれだけの具体的な成果をのこせるかどうか、これは別問題です。しかし、とにかくあのものすごい力でこういうものが組織できるということは、おどろくべきものであるとおもいます。べつに大阪をみくびっていたわけではございませんが、さすがは大阪、という印象をうけたわけでございます。

おなじようなことが、もし京都でおこなわれるとしたら、どういうことにあいなりますか。いささかわたしは心ぼそい、ともうしますと京都のかたがたにたいへん失礼でございますが、ちょっと大阪のようなわけにはゆかないのではないかというふうな感じもいたしました。

大阪と京都の連携プレーというものについては、この比叡会議におきましてもみなさまがたのご意見をおきかせいただきたいとおもっているわけでございますが、最初にわたしが最近ショックをうけたことがらについて、ご報告をもうしあげた次第です。

京都の運命

さて、きょうは「文化首都の理論」という題でしゃべれということで、理論になりますかどうかわかりませんが、若干かんがえておりますことをもうしあげます。

本日、この比叡会議がひらかれているこの場所は、比叡山の山頂ではございません、中腹でございます。比叡山という山はご承知のとおりピーク、山頂はふたつございます。西と東にならんでおりますが、東のほうをわたしどもは叡南岳《えなみだけ》とよんでおります。ここに測量のための一等三角点が設置されています。もうひとつ西側にちょっとひくい峰がございます。これが四明ヶ岳《しめいだけ》で、四明ヶ岳の山頂には、露岩がひとつでております。これは将門《まさかど》岩《いわ》という岩で、ございます。ご承知かとおもいますが、むかし、平将門《たいらのまさかど》がその岩のうえにつったって京都市街を睥睨《へいげい》して、やがてこの町はオレのものになるんだ、とうそぶいたという、そういう伝説のある岩でございます。わたしどもは子どものときからしばしばその岩のまわりであそんだものでございます。将門は将門岩にたって京都をみている。京都のなかで宣言しているのではないのです。ちょっとはずれて、わきにたって京都を睥睨しているという、そういう場所でございます。われわれがここでこの比叡会議をひらくということは、京都の市中で、京都市民として話をするのではない、ということを象徴しているのではないかとわたしはかんがえているのでございます。一歩よこへはなれて、京都の運命をかんがえようということでございます。

それはどういうことかともうしますと、われわれがかんがえるべきことは、京都市民としてこうなすべきだということとはちょっとちがうのではないか、というふうにわたしはうけとっているのでございます。かならずしも京都市民の立場から、こうあるべきだというのではないということでございます。わたし自身、京都市民ですし、みなさまがたのなかにも京都市民のかたはたくさんいらっしゃるかとおもうのでございますが、この比叡会議は、京都市民としての議論ではなかろうということでございます。いうならば、一地方都市としての京都の運命を論じるのではない。また地方自治体としての京都府、京都市の運命を論じるものでもない。もし地方自治体としての京都府、京都市の運命を論じるならば、それは京都府議会、ないしは京都市議会の役目でございます。ここであつまっておりますわれわれは、府会議員でも、市会議員でもございません。これは京都の住民の立場というよりも、それからちょっとはなれた立場、あるいはよりひろい立場から、京都のことをかんがえて、ある種の提言、勧告をおこなうというようなことであろうかとおもいます。あるいは、提言も勧告もおこなわなくともよろしい、京都の運命をいささか京都からはなれた立場からかんがえようということでございます。

べつないいかたでもうしますと、ここに京都という都市がある。この都市をどうつかえばよいのかということであろうかとおもうのです。日本全国の立場にたって、京都のつかいかたをかんがえようではないか。京都にはさまざまな歴史的・地理的条件がございます。こういうよい条件をつかわない手があるか。これを上手につかえば、全日本にとってもたいへん有効な都市のつかいかたができるのではないか。多少結論は京都市民あるいは京都府民の期待からはずれるかもしれないが、全国的なよりひろい立場にたてば、京都にはこういうつかいかたがあるのだというようなことをみんなで論議しようではないか。そういうことであろうかとわたしは了解しております。

もうすこしおおきくいえば、京都論を基軸にして日本のことをかんがえよう、あるいは世界のことをかんがえよう。京都の未来をかんがえることによって、世界の人類の歴史のなかにおける京都の位置づけをかんがえてみよう。あるいは、将来この都市がどういう役わりをはたしてゆくかということをかんがえてみよう、ということになろうかとおもいます。京都を素材にして、日本ないし世界文明のなりゆきをかんがえよう。おおきくいえばそういうことになろうかとおもいます。

はみだし都市

さて、京都という都市は、日本では全国民の暗黙のうちに了解するところといたしまして、日本の民族文化のアイデンティティーをささえる都市であるということであろうかとおもいます。京都にこそ日本文化のエッセンスがあるのだというかんがえかた、これはおそらく全日本国民の共通の理解であろうかとおもいます。わるい言いかたをすれば、京都がほろびるときは日本のほろびるときなのだ、すくなくとも京都がほろびるときは日本の文化もほろびるときなのだ、という理解まであるのではないかとおもいます。たとえ日本民族が生きのびても、それはもはや日本文化の継承者ではない。べつなものになっているということでございます。そのかぎりにおいて、わたしはこの共通の理解はただしいかとおもうのでございますが、それでは京都こそは日本文明をうみだした代表的な都市であるかというと、わたしは多少異論がございます。むしろ京都は日本の都市の代表にはなりえないとかんがえているのでございます。

古代のことはべつにいたしまして、中世以後、世界史のなかにおける日本の歴史のひじょうにおおきな特徴はなんであるかともうしますと、これはまず一三世紀に成立した封建制度です。ひじょうにみごとな封建制ができあがる。そして、それをうけついで発展させた近世の幕藩体制、一七世紀以来の幕藩体制というものであろうかとおもいます。一三世紀の封建制につづいて一七世紀の幕藩体制、このふたつの体制の歴史こそが、世界における日本のひじょうにおおきな特徴になっているわけでございます。もし、こういうものに類似の体制の歴史を発展させた国を世界でもとめるとすれば、ドイツ、フランスのような西ヨーロッパ諸国のほかにはどこにもない。ドイツ、フランスはかなり日本によく似ておりますが、そのほかにこういう歴史的経過をたどった国はないのではないか。

ところがその幕藩体制時代、一七世紀以後の京都はどうであったか。ご承知のように、寛永文化、これは京都で花がさいた文化でございますが、それ以後、京都はすでに政治の中心ではございません。徳川幕府というのは江戸に拠点をおいて幕藩体制を運営しております。その全国にはりめぐらされた幕藩体制のなかで、全然それにはいってこない地域がいくつかございます。いくつかございますともうしましたが、事実はひとつだけでございます。京都は幕藩体制についにはいらなかった、つまりはみだし都市でございます。政治の中心はとっくに江戸にいっている。経済の中心は大阪にいっている。京都だけはその幕藩体制のなかに組みこまれていないわけでございます。これはまるで別種の都市として一七世紀以後、この都市の運営をやってきたわけでございます。幕藩体制が日本のひじょうにおおきな特徴とすれば、そこからはみだした京都というのは、幕藩体制を特徴とする日本の代表とはなりえない。ある意味でもっとも非日本的な都市であったというふうにわたしはかんがえているのです。

つまり、京都は日本の体制のなかにはいっていないのです。それでいて、どうしてここに代表的日本文化が全部結集したというふうにみんながかんがえるようになったのか。これはたいへんおもしろいことだとおもうのでございますが、現実に日本一般の例にならわなかったから、全国民からみれば、このはみだし都市京都にこそ、国民的アイデンティティーが集中したというようなこともあるのかもしれないとかんがえております。とにかくこの京都という都市は、ついに幕藩制のそとにあって生きのびてきた、日本における唯一の都市でございます。

京都特別市

結果としてどういうことになったかともうしますと、やはりわたしは、はみだしの利点というのがひじょうにあったのではないかとかんがえるのでございます。どういうことかともうしますと、日本は、だいたい大名領にいたしまして二百数十の藩がございました。藩ということは、つまり小国家ということで、日本は小国家に分割されている。小国家がそれぞれの地方に独自の経営体として運営されていたわけでございますが、その小国家連合制から京都は逸脱していたということなのでございます。その後、明治になってから、それらの小国家群が府県というかたちに再編成されてゆくわけでございますが、現在の都道府県制というものは、あきらかに幕藩体制における領邦国家の再編成された結果でございます。その府県制からそもそも京都は逸脱していたということではないかとおもうのです。別ものなのです。もともと府と名まえのつく三つは、明治政府の直轄地としてスタートし、のちの廃藩置県という幕藩的領邦国家の再編成の枠からはみでた部分なのです。東京府もそうでございます。大阪府もそうでございます。京都府もそうでございました。その意味ではこの三者はよくにた性質をもっているのですが、そのなかでも、東京府というのは、これは歴然たる幕藩体制のセンターとして幕藩体制の内部に組みこまれておりました。大坂も経済の中心としてくみこまれている。ところが京都だけはまったくはずれていたのです。

諸外国でときどき特別市というのがあります。中国ですと北京《ペキン》、上海《シャンハイ》、天津《てんしん》の三つが特別市として省とはべつのあつかいになっております。それに似たようなものであったのであろうかとおもいますが、そのなかでさらに京都だけはひじょうに特別の立場にあるということでございます。はみだし都市であるということであります。この三つの府、これはだいたい以前から日本における三大首都の系譜をひいているわけでございます。おのずから一七世紀以後に三つの首都としての分業がはじまっている。ひとつは政治都市としての江戸、あるいは政治首都としての江戸。もうひとつは、経済首都としての大阪、そして文化首都としての京都。この三都の鼎立《ていりつ》状況というのは、一七世紀からはじまっているわけでございます。

ヨーロッパにおけるフランスの場合ですと、なにもかもパリに集中しているというかたちをとっておりますし、イギリスの場合でもほとんどがロンドンに集中している。日本の場合はイギリス、フランスの場合とちがいまして、江戸にすべて集中するというかたちにならなかったというのが、これがたいへんおもしろいことだとおもうのです。江戸、大阪、京都という三都が分立して、それぞれに首都型の都市を発展させていった。

江戸時代を通じて三都比較論というのは文学のジャンルのひとつになっている。さまざまなひとが三都論をかくわけです。三都論ともうしますが、じつはこれは三首都論でございまして、すくなくとも一七世紀以降は三つの首都が日本にあったということでございます。

首都型の都市

ごく最近になりますと、やや都市概念、あるいは首都概念の混乱がおこったようにわたしはおもうのでございますが、その混乱をおこさせた引きがねになったのは、古都保存法というような法律でございます。つまり古都というかたちで京都を古都のカテゴリーにほうむりさろうとした。そのなかにはいっているのはおどろくべきことですが、京都と奈良と鎌倉だそうです。しかし、奈良や鎌倉が首都になるわけがない。奈良はむかしは帝都であったかもしれないが、近世において京都とならぶような首都型の都市を一ども発展させたことがない。それとはわけがちがうわけです。まして鎌倉は幕府所在地であったというだけで、一ども都になったことがない。くりかえしもうしますが、三都比較論で登場する三つの都市というのは、これはあきらかにそれぞれの個性をもちながら、首都型の都市を発展させてきたということでございます。

それでは、首都とはなにかということでございますが、これはのちほど、みなさまがたからもおおいにご意見をうけたまわりたい。わたしはつぎのようにかんがえているのです。首都型の都市と首都型でない都市とは、どこがちがうのか。首都型の都市というのは、都市のもつ諸機能のバランスがとれた町なのだということでございます。居住空間、生産もある。交通もちゃんとととのっている。情報の交流もある。そういうさまざまな機能というのがバランスをとってそなわっている町というのでございます。

よその都市のことをいうのはいささか気がひけるのでございますが、たとえばそのような意味で鎌倉あるいは奈良が首都型の都市になったことがあるか、あるいは現在そうであるかというと、これはもうまったくちがいます。首都型の都市ではない。そうなりますと、やはり京都、大阪、東京はそうとうよくバランスのとれた、いろいろなものがそなわった都市でございます。経済だけがむやみに発達している、あるいは交通ばかりが発達している、政治機能ばかり、行政機能はよいがあとはダメだと、そういうものではないのです。わたしは、大阪がすこしかたよりがあるのだということをよくいうのでございますが、京都とさまざまな指標を統計的にしらべてみましても、あきらかにそういう結果がでます。東京とはひじょうによくにております。やはり首都型の大都市というものはこういうようになるのだということです。

都市機能の編成原理

そして、じつは首都でありながらさまざまな都市の諸機能をいろいろな原理、プリンシプルで編成していっている。その編成原理がそれぞれちがうのだということです。たとえば、東京においては江戸時代以来、江戸の都市的諸機能を編成していた原理は、あきらかに政治でございます。それは今日においてもそうでございます。これは政治型の首都、政治首都であります。おなじようにして、大阪の都市機能を編成している原理というのは、これは経済でございます。大阪は経済型の首都です。それに対して京都の場合は、編成原理が文化ということになっている。京都はやはり文化型の首都であるというふうにわたしどもはかんがえてよいのかとおもいます。

これはずっと過去においてもそうでありました。京都は一七世紀以来、学問・芸術の大中心でございます。日本最大の中心であった。それが京都のさまざまな都市機能を統括して編成してきたというのでございます。そのことをかんがえますと、現在なお文化首都としての機能、性質をおおいに発展させているかどうかというのが、この会議の議論の焦点になろうかとおもうのでございますが、いささか、問題がでてくるかもしれない。もしここで、われわれが積極的ななにごとかを提言したり、勧告したりすることができるとすれば、それはもう一ど京都を、日本における、あるいは世界における文化首都として再建し、再構築をやるにはどうすればよいかというようなことではなかろうかとかんがえております。

文化ということをもうしますと、すぐでてくるのが文化財の話でございます。これはわたしはたいへんわるいくせだとおもっております。文化財、とくに歴史的な残存文化財の話は、わたしたちがここで議論しようとしているところの文化首都、あるいは都市における文化的プリンシプルというようなこととは多少ちがうとかんがえているのでございます。なるほど、ご承知のように、京都には文化財がみちあふれております。日本全国の重要文化財の大半が京都にある。京都はそういう意味での文化財都市であることはまちがいないわけでございますが、その文化都市としての生きかたは、その文化財をめしの種にしてくってゆこうということではけっしてないと、わたしはかんがえております。

文化的再武装

京都は文化観光都市という看板をかかげてきたわけでございますが、わたしはまえから観光をはずしてください、文化都市ならけっこうですが、観光都市でたつということはたいへんこまる、といってきたわけです。観光では先がしれています。観光都市というのは、先祖からひきついだ文化遺産を種にして、売りぐいをやるということでございます。

文化財の尊重は、ある意味で歴史の呪縛《じゅばく》でございます。それにとらわれて、この都はにっちもさっちもゆかなくなっているのではないかとおもうのでございます。そういう呪縛から解放されたい、そのうえで、遺産の売りぐいではなくて、みずからの能力によって文化を創造し、文化を展開してゆく、そういう都市でなければならないのではないかとわたしはかんがえているのでございます。いわば文化による京都の再編成、あるいは文化的再武装というものをかんがえなければいけない。文化財による文化の遺産の継承ということではなく、いかにして文化を生成してゆくか、つくりあげてゆくか。文化生成論という立場から京都の文化、あるいは文化都市としての京都をかんがえてゆくという態度が、基本に必要なのではないかとおもいます。みずから文化を創造しつつ、それを蓄積してゆくということでございます。すでに先祖によって蓄積された文化を個々に継承し、それをまもってゆくということではないというふうに、わたしはかんがえております。

それでは、いかにしてこの都市を舞台にして文化を生成、創造するかということでございます。すでに存在するさまざまな文化遺産、これはたいへん貴重なもの、けっこうなものではございますが、これだけではあたらしいものはでてこない。ではどういうことをやればよいのか。

劇場都市

たまたまわたしは、「この都市を舞台にして」ともうしあげましたが、ここにいらっしゃる座長、矢野暢《とおる》さんの『劇場国家日本』という有名な本がございますが（註1）、わたしは京都は劇場都市ではないか、そうかんがえればよいのではないか、とおもっているのでございます。ここでひとつの概念といたしまして、矢野さんにならいまして、劇場都市論ということをもうしあげたいのでございます。まさに京都を舞台にしてひと芝居やれるのではないか。

これはひとつの演出なのです。もし京都を劇場的都市であるとかんがえて、ここでさまざまな芝居がおこなわれる。シナリオはどこからもってきてもよろしいのです。よそからどんどんもっていらっしゃい。われわれはここで貸舞台をやりましょう。演出をひとつやりましょう。ここにおあつまりのみなさまは、おそらくはたぶん演出家集団というふうになってゆくのではないかとかんがえているのでございます。京都を舞台にして演出をやろう。スポンサーも、べつに京都市民がスポンサーになる必要はなんにもない。それは全国、あるいは全世界の人たちがスポンサーになるのです。観客も全世界の人びとである。われわれは演出の場を提供するのだとかんがえてみてはどうかというわけでございます。

さきほど京都にはたくさんの文化財があるともうしましたが、京都の町のなかにありますさまざまな名所旧跡というのは、これは舞台の大道具ないしは舞台装置であるとかんがえる。われわれ自身は貸席の経営者、あるいは演出家集団だということでございます。

最初に大阪におけるふたつの大イベントの紹介をもうしあげましたが、正直いいまして大阪に先をこされたなというのが実感でございます。大阪はあの巨大なイベントをもって、二一世紀をめざして猛然とはしりだしたわけでございます。じつは京都こそがイベント都市ではなかったのか。

舞台はございます。そこへいろいろな劇団をよんできて、ここでイベントをやる。これが京都の生きかたではないかというふうにかんがえるのでございます。これはいまにはじまったことではございませんので、江戸時代から京都は、ずっと、そういう劇場都市として機能してきた。学問・芸術もほとんどそうです。みんなよその、他国からきた人たちがここで塾をひらく。今日も京都では学問・芸術がさかえておりますが、これは江戸時代からの塾の延長のようなものとかんがえてもよいのではないか。それはべつに京都市民がつくりあげたものでもなんでもない。京都市民はなるほど舞台を提供することによって、そういう芸術文化のうごきをサポートいたしました。都市としてさまざまな要素を包容しつつ、そとからはいってきた人たちをうけいれて、育成してきたわけでございます。これはやはり劇場都市ではないか。

劇場都市のもっともよい例は、京都における大本山、さまざまな宗教の大本山でございます。これは京都市民がささえているのでもなんでもない。全国の信徒がささえているわけでございます。そして京都はまさに場をかしているだけ。この教団組織は一種の集金機能として作用しているわけです。全国からお金をあつめる。みごとな劇場運営なのです。京都はこれをやってきたではないか。それをわすれたのか。もういっぺん劇場都市の再活性化をかんがえなければいけないのではないか、ということでございます。宗教施設のもっている劇場性というのは、もういっぺん見なおす必要があるだろうということです。

しかし各宗派大本山に、もう一ど京都にあつまってください、というわけにはゆきません。宗教の時代はもうすぎさったのでございまして、現代は状況がかわってきております。それでは現代の、むかしの寺にあたるものはなにか。あるいはむかしの寺を舞台にした大規模な演劇、全国的演劇にあたるものはなにかということでございますが、それは情報ということであろうかとおもいます。

まえからわたしは、都市の本質は情報にあるという説をもっていまして、「都市神殿論」ということをくりかえしいっているのでございます（註2）。神殿ということは、じつは情報の交換の場である。都市というものは物資の生産や交易よりも、なによりも情報交換ということが先行しているのだということでございます。現代においてもその性質はかわらないどころか、ますますつよまってきております。その意味では、今日における現代の寺にかわるものは、おそらく情報施設であろうかとおもうのでございます。じつはそのきざしは、ずっとはやくに、すでにあったわけでございます。たとえば、京都において日本の最初の映画産業が発展した。太秦《うずまさ》を中心とする映画産業、これはかなりの成功をみせたのでございますが、現代ではもちろん過去のものになりました。それ以後、情報生産ということにおいては、京都はかならずしも目ざましい成功をおさめていない。戦後ある時期、出版がひじょうにさかんになった時代がございますが、これもほとんど挫折《ざせつ》いたしました。

（註1）　矢野暢（著）『劇場国家日本――日本はシナリオをつくれるか』　一九八二年九月　ティビーエス・ブリタニカ

（註2） 梅棹忠夫（著）「都市『神殿』論」 山崎正和、黒川紀章、上田篤（編）『都市の復権』 一七二―一七七ページ 一九七七年八月 河出書房新社 〔『梅棹忠夫著作集』第二一巻『都市と文化開発』所収〕
梅棹忠夫（著）「『都市神殿論』以後」 梅棹忠夫、上田篤、小松左京（編）『大阪――歴史を未来へ』 九―二一ページ 一九八三年六月 潮出版社 〔『梅棹忠夫著作集』第二一巻『都市と文化開発』所収〕

儀典都市のシナリオ

そこでひとつ問題としてもうしあげなければならないのは、天皇家の問題でございます。京都は、ご承知のように王城の地ということばであらわされるように、一〇〇〇年以上にもわたって天皇家がおられた。帝都であったわけでございます。現在は、これは他郷のかたがお聞きになりますと、しばしばわらわれるのでございますが、京都は現在でも帝都である。ふるい京都市民はみんなそういう主張をもっております。それは、遷都令というものはまだ一ども出されていないということによります。東京へ明治天皇がゆかれるときに、「ちょっといってくるよ」とおっしゃってゆかれたのだ、東京は行在所《あんざいしょ》にすぎない。これはふるい京都市民のひじょうにかたい信念でございます。日本の帝都はいまもなお京都なのであるというかんがえでございます。しかし現実に天皇ご一家はずっと東京におすまいになっておられる。天皇と京都との関係というものを、もう一どここでわれわれとしてはかんがえなおさせていただく必要があるのではないか。さきほどもうしました文化をもって首都機能を再編成してゆく、その文化首都という機能のなかに帝都という性質ははいらないのかどうかでございます。

さきほど府県体制からの離脱ということをもうしましたが、府県という現代の日本の行政組織から離脱して、これはまったくべつの、つまり帝都というかたちの文化首都の再編成ということは不可能なのかどうかということ、これをひとつみなさんにおかんがえいただきたい。ある意味では、これは京都のバチカン化でございます。バチカン宣言はできないのか。バチカンはイタリア諸州から完全に離脱しております、独立国家です。しかもひとつの世界首都として機能している。その中心に法王というひじょうに伝統のある編成力をもった人物がおられるわけでございます。

率直にもうしますと、これはなかなか口にしにくいことでございますが、天皇に京都へおかえりいただく、天皇還幸論でございます。そして天皇を象徴とし、天皇のおもちになっている偉大なる文化編成力をここで発揮していただく。それを中心にして文化首都としての京都の再編成をかんがえてゆこうという、そういうことは口にしてはいけないのかどうか。もし、ただちに天皇が東京から京都にうつられるということがむつかしいといたしましても、せめて一年のうち半分ぐらいは、こちらでお暮らしいただくというようなことはできないのか。そして天皇陛下を中心とするさまざまな国際的・国内的儀典をこの舞台のうえでおこなう。つまり、劇場都市京都でおこなわれるドラマは、すべて儀典なのだというようなことはかんがえられないのか、ということでございます。

たとえば、各国大使の信任状奉呈というようなことはもちろん京都でおこなわれる。そのほか宮廷をとりまく華麗なる儀典のさまざまがここで実施できないか。そういうものを中心にして、それに関連する産業だけでもたいへんなことです。じつはこの比叡会議、これも一種の儀典であろうかとおもいますが、これなどもあきらかに産業的側面をもっております。そのような儀典産業というようなものも、おおいに展開する可能性があるのではないかということでございます。これはわたしの持論でございまして、天皇還幸論および儀典都市論についてかきましたのは一九五〇年代のことでございます(註)。二〇年以上おなじことをいっている芸のないことでございますが、いまでもそういうようにかんがえております。

会議場というもの、こういう会議の開催そのものは、じつは儀典の一種であって、かならずしも外交的案件をかたづけるためのものではない。その意味では、京都というのは儀典としての会議を運営するには、さまざまなよき条件をそなえているのではないかとかんがえております。このごろ、国際会議のうま味ともうしますか、それに各都市が目をつけまして、ひじょうないきおいで、コンベンション・シティというようなことがいわれております。神戸はいうにおよばず、このごろは大阪も一所懸命コンベンション・シティ構想をとなえております。名古屋も同様です。もうあちこちがコンベンション・シティの名のりをあげております。

京都はもうはじめからコンベンション・シティとしてのすべてのメリットをそなえているにもかかわらず、かならずしもあまり熱心ではない。劇場における上演芸術としての儀典をかんがえる、それがコンベンションだとおもうのですが、そういうものをこの町で華麗にくりひろげるという知恵はないものでしょうか。

（註）梅棹忠夫（著）「儀典都市」『梅棹忠夫の京都案内』一九八七年五月　角川書店

極東文明圏の情報基地

世界史のなかで、この京都のしめるべき役わり、位置というものをかんがえてみますと、これはあきらかに、めざすところは極東文明圏における巨大情報基地ということであろうかとおもうのです。じじつ、これは過去数百年にわたって、かなりの程度にそういう役わりをはたしてまいりました。ここにおびただしい世界の情報が流入し、それが蓄積されている。目にみえない、手にふれられないかたちでも蓄積されているわけでございます。それをさらに未来に再編成することによって、世界における情報中心、あるいは儀典の中心として有効につかうことができないかというのでございます。世界の文明の大勢は、もうあきらかに物的生産業から情報の時代へ、情報産業の時代へと転換をしはじめているとわたしはみているのです。

わたしは「情報産業論」というものを二〇年まえにかいたわけですが（註）、工業の時代から情報産業への時代の転換はもう目のまえにきているのだという主張でございます。時代はわたしの予想どおりに進行してきているとかんがえているのでございますが、そのときひとつのモデルになったのは、じつは京都であったわけです。この都市にはもちろん繊維産業そのほかの産業がたくさんあります。生産の指数だけをみますと、京都は工業都市とさえいえないことはない。そういう都市ではございますが、それにもかかわらず、過去にもっていた情報性というものはひじょうにおおきなもので、これがむしろ近代にはいって情報性がよわっているのだともいうことができます。それをもう一ど物的生産業から、時代のながれを先どりするかたちで情報性産業へきりかえてゆく必要があるのではないかということでございます。そういう巨大な情報センターというものをつぎつぎと構想してゆく必要があろうかとおもうのです。

もともと京都の産業というのは、きわめて情報性のたかい産業でございました。ご承知のように、これは日本で最高の付加価値をつけている。西陣織にしましても、焼きものにしましても、さまざまな美術工芸品全部そうなのです。素材価値より付加価値のほうがはるかにたかい、そういう産業をつくりあげてきた。京都はうまれながらの情報都市なのだということだとおもいます。現在要求されているのは、さらにその情報性を未来型のものにおきかえてゆく必要があるだろうということでございます。

（註）梅棹忠夫（著）「情報産業論」『放送朝日』一月号　第一〇四号　四－一七ページ
一九六三年一月　朝日放送

この論文は発表直後に『中央公論』に転載されている。
梅棹忠夫（著）「情報産業論」『中央公論』三月号　第七八年第三号　第九〇五号　四六—五八ページ　一九六三年三月　中央公論社
この論文はのちにつぎの本に収録されている。
梅棹忠夫（著）『情報の文明学』（中公叢書）一九八八年六月　中央公論社〔「梅棹忠夫著作集」第一四巻『情報と文明』所収〕

二一世紀への展望

そのことをかんがえまして、京阪奈文化学術研究都市というのは、おそらくその情報性の先どりをやろうということであろうかとおもいます。あるいは、現在かんがえられておりますす日本文化研究所というようなものもそのひとつの実例、こころみになろうかとおもうのでございます。そういうおおきな情報基地をつぎつぎつくってゆくことによって、京都は情報産業都市として未来に生きのびてゆくことをかんがえてよいのではないか。文化を軸にした都市づくり、文化集積点としての京都というものをかんがえてゆけばよいのではないか、とおもうのでございます。

京都は学問・芸術あるいは技術もふくめて、ひじょうにおおきな中心であろうかとおもいます。学問はいままでもかならずしもわるい成績ではなかったとおもうのでございますが、京都で最近気になりますのは、芸術がひじょうにおちこんでいるということでございます。なにか京都において芸術をもっと、それこそ日本における最大の芸術中心というようなかたちにする手だて、戦略はないものでしょうか。情報の生成と集積でございますが、これは政治情報、経済情報ではなくて、やはり京都の場合は文化情報、あるいは学術情報、芸術情報というものの中心をここへつくってゆく、というようなことを真剣にかんがえなければならないかとおもうのでございます。

以上、もうしあげましたことをまとめてかんたんにもうしますと、京都の儀典都市化、情報都市化ということでございます。これをもって文化都市、文化首都のプリンシプルとかんがえているわけでございます。それを演出するために、さきほどもうしましたように、この都市をひとつの劇場としてかんがえてみよう。劇場都市というようなおもしろいかんがえかたもできるのではないかというわけです。そのような議論を期待しているのでございます。

VI

二一世紀世界における京都

ペリペテイア

きょうの会議の開会のあいさつのなかで、矢野暢教授は「ペリペテイア」ということをおっしゃいました。一どさかえた文明が、あるいは都市が、二どさかえた例はないというお話でございました。過去において繁栄をきわめた花の都、京都にとっては聞きのがすことのできない、重大なご発言でございます。しかしわたしは、これには異論があるのです。異論というか、反対の例があるということです。

具体的な例をあげますと、北京でございます。北京は、最初建設されたのは遼《りょう》代で、その都を金《きん》がひきつぎまして、金の燕京《えんけい》としてひじょうに繁栄いたしました。遼、金ともに中国の北半分を支配した大帝国でございますが、その都としてさかえたわけです。しかしモンゴル軍の侵攻によって燕京は完全に破壊されます。ところが元《げん》の建国とともに、ほぼおなじ位置ですが、やや東北によったところに、元の大都という巨大な都市が建設される。これまた繁栄をきわめるわけでございます。元はご承知のとおり、アジア、ヨーロッパまで支配した世界最大の帝国でございます。その帝国の首都として繁栄をきわめる。それが元末にまたまた徹底的にこわされて、荒廃の極に達します。元末の大都、北京というのはみる影もない。飢饉《ききん》、社会不安、経済的壊滅、政治的崩壊というようなさまざまな現象とともに元の大都は崩壊しはてます。それからのち、明《みん》代にまた復活する。さらに、ご承知のとおり大清《しん》帝国の都もまたもとの北京にさだめられる。中華民国の成立とともに都は南京にうつりました。ところが、中華人民共和国の成立とともにまた北京にもどる。それで、現在、北京は中国における最高の政治的・文化的都市として繁栄をきわめております。経済的にはかならずしもそうはいえません。経済的には上海《シャンハイ》、天津《てんしん》のほうが繁栄をしているかとおもいます。

なお現在、中国の諸都市で特別市が三つございまして、北京と天津と上海でございます。人口からいいますと、その三つのなかで上海がいちばんおおいです。さらに、最近では奥地の重慶《じゅうけい》がどんどん発展しまして、巨大な人口をかかえる中国最大の都市として発展しつつあるようでございます。

いずれにいたしましても、歴代そうして興亡をくりかえしながら、つねにまた再生してゆく。多少一〇〇年、二〇〇年のインターバルをおいても、また復活するという例がやはりあるということです。世界をさがしますと、そのような例はほかにもまだあるのではないかとおもいます。

いまのペリペテイアに関しましては、わたしはそれほど悲観したことでもあるまい、法則として一ぺんさかえた都はだめなんだというぐあいに、きめつけてしまうこともあるまい、というふうにかんがえているわけでございます。

人間＝装置系としての文明

二一世紀ともうしますとたいへん先のことのようですが、かんがえてみますと、あと一六年で二一世紀でございます。もうすぐやってくるわけでございます。その二一世紀における世界文明というのは、どういう状況になっているか。その世界文明のなかで京都のはたす位置はなんであろうか、あるいはどういう意味をもつであろうかというようなことを、ここでかんがえてみたいとおもいます。

京都は二一世紀において普遍的な意味をもちうるでありましょうか。どうせ意味があるにはきまっておりますが、それがローカルでトリビアルなものでしかないということでは、こういう会議をやることの意味もございません。やはりわれわれは京都が普遍的な意味をもちうるであろうということを期待して、こういう会議をひらいているわけだとおもいますが、そういうことが可能なのかどうかということでございます。

お話をはじめるまえに、矢野さんから文明と文化について議論せよというようなサジェスチョンをいただきましたが、その話題からはわたしはむしろにげ腰でございます。なぜかともうしますと、文明とはなにか、文化とはなにかという議論は、たいてい不毛のからまわりの議論になるのです。その議論をたたかわせても、しょせんかいないことでございます。わたしはわたしなりの定義をもっておりまして、それをご説明もうしあげますけれども、これは文明か、これは文化かというふうに、問いつめていただきたくないとおもっております。

文明とはなにかということでございますが、わたしはきわめて大ざっぱな、あるいは巨視的な見かたといたしまして、自然でないものが文明なんだというふうにかんがえているわけです。人間が自然とともに生活して、自然と人間とのあいだにひとつのシステムをくんでいた時代、これはいわば人間＝自然系でございます。狩猟民、あるいは遊牧民だって、あるいは農耕民のかなりの部分だって、そういうひとつの自然系のなかへくみこまれた人間の存在である。その意味では人間＝自然系です。

それがさまざまな装置を開発する、あるいは制度をつくってゆく、あるいは組織をくんでゆく。そういうものがはじまって、そこで自然からかなりきりはなされた装置、制度、組織というようなものと人間がシステムをくむ。かんたんにいいまして人間＝装置系。装置をもってほかのすべてを代表させるといたしまして、そういう人間と装置とでシステムをくんだ場合、これが文明なんだということでございます（註）。したがって、人間は自然系から文明系へ進化していったんだというわけであります。自然と人間とでつくっていたシステム、系から、装置と人間でつくるシステムへと進化してきた。これが文明なんだということです。したがって文明というものは紀元何年からといわれるとたいへんこまるのですが、全体としておおきく自然系から文明系へと進化したといってよいとおもいます。そういうところに、文明というものをわたしはみとめたいのでございます。

それでは文化とはどうちがうのかといいますと、文化というものは文明の精神的プロジエクション、精神的反映にすぎない。精神という平面へ投影したものが文化なのです。だから、文化というのは基本的には頭のなかにあることで、いわば価値の体系であります。

現代日本の、たとえばこのようなホテル、あるいは会議場、道路とか通信施設、交通システム、あるいは日本でいまや発展しつつある巨大な新情報通信網というのもふくめて、これはやはりそういうものと人間とがさまざまなシステムをくんでいる。これは文明というほかないのです。これを部分的にきりはなして、どれが文化だといってみても、それはしょせんかいないことでしょう。ただ、そのなかにどういう価値体系をもりこんでゆくか、これは文化の問題であって、全体としてこの巨大な装置、制度、組織の網の目、それと人間とのインターラクション。これはやはり文明の現象といわざるをえないであろうと、そういうふうに、わたしはかんがえているわけでございます。

（註）人間＝装置系あるいは文明の定義については、つぎの論文を参照されたい。
梅棹忠夫（著）「生態系から文明系へ」梅棹忠夫（編）『文明学の構築のために』三一―一五ページ　一九八一年八月　中央公論社〔『梅棹忠夫著作集』第五巻『比較文明学研究』所収〕

新時代への適応

文化というものは、そういうシステムとしての文明の一側面であって、文化だけがひとりあるきをするものではない。文化というものにはそういう力はないということです。文化が文化であるためには、かならずそれの装置、制度、組織としての具体化がなければいけない。文明はつねにその具体化をはかっているわけでございます。

たとえば、京都の西陣織というような精緻《せいち》なる織物、これはデザインもふくめて、たしかにひとつの文化でしょう。しかし、それを実現するためには壮大なシステムとしての機械、およびそれを運営する制度、組織というようなものが存在する。そういうものが存在せずに、文化だけがひとりあるきできるわけがない。京都の文明というものがそれをささえているんだということでございます。

昨年の比叡会議では「文化首都の理論」ということでお話をもうしあげましたが、京都を文化都市としてだけとらえるということは事の一面にすぎない。京都が文化都市であるためには、まず京都は文明都市でなければいけない。つまりシステムとして、人間・装置・制度・組織系としての京都でなければだめだということです。精神的文化だけがひとりあるきするわけではない。じじつ、京都は過去においてもつねにシステムとして、あるいは文明都市として発展してきたわけでございます。ここに都がさだめられて以来一二〇〇年。もうひとまわりおおきな極東文明というものをとらえますと、極東文明圏におけるひとつの極としてはたらいていた。極東文明のある部分はここを軸として回転していたわけでございます。

その後、東京に首都がうつされたという現実がございます。首都の移転の歴史的経過としては二段階あったわけです。政権としての江戸幕府の成立、さらに明治維新における天皇家の移住というようなことがありまして、これは京都自身がシステムの変革をせまられたということでございます。それ以後も京都は制度的変革、あたらしい制度とのあいだのあたらしいシステムをつくりあげてきた。ご承知のように明治以後における京都は、単なる文化都市として終始したわけではございません。着実に近代化をはかり、そしてその結果として巨大都市化が進行したのでございます。現在においては全国における序列、たとえば人口における序列は多少低下しておりますけれども、なお日本を代表する巨大都市のひとつであるということはまちがいない。

ちょうど一九世紀から二〇世紀にかけまして、京都だけではございませんが、世界の各都市のあたらしい文明の適用とあたらしいシステムの形成ということが平行しておこっているわけでございます。そのときに京都はけっしてのりおくれていない。ご承知のように一九世紀末においてすでに水力発電所をつくり、電気をとりいれている。それによって日本最初の電気による交通機関を開発している。そのほかさまざまな技術革新がこの都を中心におこったわけであります。一九世紀おわりから二〇世紀初頭に、技術革新によって文明都市としての京都が成立したわけでございます。それによって京都の文化もささえられているのだということを、わすれることはできないとおもうのでございます。文化都市をいうまえに、まず文明都市としての京都の発展をかんがえなければいけない。

二〇世紀都市群の様式

世界の状況を展望してみますと、おなじようなことが全世界的におこっております。そしてあたらしい二〇世紀の都市というものは、さまざまな開発をされるあたらしい技術的要素を確実に消化しながら、それと人間とのあたらしいシステムをくんできた。それに成功したところは都市として発展しているし、うまくのれなかったところは、やはり没落していったのだとおもうのでございます。

結果としてどういうことがおこったかともうしますと、そういうさまざまなあたらしい技術的要素、あたらしい制度、組織の仕かたというようなものは、ほぼ世界じゅう共通な要素をひじょうにたくさんもっているわけでございます。共通な要素と人間とのあいだに組みあげてゆくシステム、これは必然的に似かよった結果を呈してきます。今日、世界の繁栄している諸都市は、すくなくとも外面的にはきわめてよく似た様相を呈しはじめております。ある意味では、世界はいま均質化という方向にあゆんでいる。これはまちがいないことでございます。

たとえば、わたしどもが今日シンガポールへゆきますと、それはみごとな現代的文明都市でございます。あるいはケニアのナイロビというようなところへゆきましても、やはりそれはすばらしい現代的都市がそこに展開している。あるいはメキシコ・シティー、これは現在世界最大の都市ですが、ほんとうにみごとな現代的都市文明の花がさいている。さらにもっと南、これもメキシコ・シティーに匹敵する巨大都市でございますが、サンパウロへゆきましても、すばらしい現代都市があるわけです。どこのホテルへとまりましても、だいたいおなじ構造になっていて、場合によるとタオルまでおなじ模様がついていたりする。共通のマナー、共通のシステムで運営されております。もちろんそれは、なかみをよく吟味するとたいへんちがうのです。いまの、装置、制度、組織とこの三つの側面をとりますと、いちばんよくにているのは装置なのです。人間＝装置系はひじょうによくにたことになる。しかし人間＝制度系のほうはそうとうちがいます。おなじようにみえていながら、たとえば大阪と上海、これはある意味で対比できる町でございますが、大阪を運営している制度あるいはその組織と、上海をうごかしている制度あるいは組織とは、まったくといってよいくらいちがうのです。したがってこれは、表面的なものはよくにておりますが、まるでべつの文明だといわざるをえない。それにもかかわらず、全世界をおおって共通要素はしだいに増大しつつあります。

そうすると二一世紀はすべて等質的な、あるいは均質的な世界へうごいてゆくのかといいますと、ある面ではそういうこともございます。しかし、べつの面ではそれと逆のことも進行する。

二一世紀のことをもうしあげるはずですが、まずそのまえに二〇世紀のことを若干もうしあげてみたいとおもうのです。人類にとって、あるいは世界にとって二〇世紀というのはなんであったのかということでございます。

これは大ざっぱないいかたになりますが、わたしはある意味で二〇世紀は世界の解体の世紀であったとみております。もうひとついいますと、一九世紀において確立した西欧的世界が崩壊をはじめた。西欧的原理の挫折《ざせつ》、あるいは解体、変革というのが二〇世紀を通じての意味であった、とわたしはかんがえているのでございます。二〇世紀にはいってその最初の衝撃、西欧原理の挫折、解体の最初の衝撃をあたえたのが日露戦争（一九〇四年）でございます。これがもたらした衝撃のおおきさというものは、はかりしれないものがあります。それまで西欧的原理で、いわゆる西欧文明が世界を制覇するというのが当然の図式としてかんがえられていたわけでございます。それが、非西欧世界からでてきた日本が西欧世界の、これは一種の派生体だとおもいますが、ロシアというものを打倒した。この衝撃のおおきさによってアジア諸国民は、はじめて西欧的秩序だけが世界秩序ではなく、べつのものがありうるということに目ざめたのでございます。それ以後おこっている世界の現象は、すべて一貫して西欧的世界からの離脱という方向で進行しているわけです。二〇世紀初頭に成立していた西欧世界の諸帝国、巨大帝国はつぎつぎに解体してゆきました。そして、ご承知のとおり、第二次世界大戦後の現在のような状況にはいってきた。

第一次世界大戦におけるオスマン帝国の解体、これによってたくさんの独立国がでてくるわけでございます。ヨーロッパ世界においてはオーストリー＝ハンガリー帝国の解体、第二次世界大戦におけるイギリス帝国の解体、あるいは現在はフランス共同体というかたちでのこっておりますが、帝国主義国家としてのフランスの解体というようなことがつぎつぎとおきている。おなじ文脈のなかで、日本もひとつの巨大な帝国主義国家として成長していたわけでございますが、その大日本帝国もまた解体する。そういう帝国の解体というのが二〇世紀の一貫したながれであったとおもうのでございます。今日、アフリカではすでに五十数ヵ国の国が成立しておりますが、第二次世界大戦前にアフリカにおける独立国というのは、エチオピアとリベリア、このたったふたつにすぎない。それが五十いくつまで独立した。すべてアフリカの各地はヨーロッパ諸帝国の領土であったわけですが、それが解体した。これはひじょうにおおきな現象であろうかとおもうのでございます。

わたしは、二一世紀はその二〇世紀の展望の延長線としてとらえているのでございます。解体はなお進行いたします。そしてそれは、西欧原理、西欧的帝国として編成されていた地球上に非西欧的な要素があらわれて、それが世界を解体させたのだという、基本的にはそういう見かたでございます。

同質化と異質化

一九世紀から二〇世紀の初頭、前半ぐらいまでにかけましては、西欧化の進展が文明化だというふうな見かたが確固としてあったわけでございます。それがかならずしもそうではないというかんがえかたが着実にでてきた。つまり非西欧的で、べつの文明がありうるんだということです。ある意味で西欧化が進展することによって、たしかに現代の文明というのが発展してきたわけでございますが、その結果として、たいへん逆説的な結果でございますが、非西欧を発見したということでございます。日本の場合もそうでして、西欧化をいちじるしくすすめることによって、じつは非西欧的なひとつの力として地球上に出現したということでございます。

これは逆説的関係になるわけでございますが、一面では世界じゅうどこへゆきましてもおなじような都市化、あるいは現代文明化が進行する。同時にその結果として、それぞれの地域において開発された異質なる精神、異質なる文明というものがたちあらわれてくる。同化と異化の両方が平行してすすんでいるというのが現代であろうかとおもうのです。この傾向はなお今後もずっとつづくであろう。二一世紀はそういう同質化と異質化とのあいだのせめぎあいというような現象を呈してくるのではないかとわたしはおもっております。二一世紀は生活水準は世界各地において上昇します。アフリカになおもみられるようなさまざまな難問題はございますけれども、すこしずつではあっても生活水準は上昇し、秩序化、組織化がすすんでゆくとおもうのです。同時にそれは教育水準の上昇をもたらし、そのことは世界諸民族の自覚をもたらす。そして自立の精神を開発してゆく。そのことは地球上の民族間の摩擦というものをますます増大させるであろう。そして、部分システム間の摩擦というものは、とめどもなくひろがってゆくとわたしはみているのです。だから二一世紀はなんともひどい混乱の世紀になる可能性がある。それは西欧的原理でゆかなくなったからだとおもうのです。西欧的秩序だけで地球上がおさまりきれなくなった。その最初の衝撃、非西欧的秩序の衝撃をあたえたのが日本であった。これはまちがいないことだとおもいます。

西欧的文明、あるいは近代的装置系というものをじゅうぶん導入した日本が、そのなかでひじょうに異質なものを発展させ、現在もっているということ、このことがやはりもっとも注目すべきことであろうかとおもうのです。その異質化のエッセンスはどこにあるかというと、これは、けっきょくは日本のなかでは京都にもとめざるをえない。京都が非西欧的精神、あるいは非西欧的秩序というものを温存している。その意味では、日本は世界文明に対する同化をいちじるしくすすめつつ、そのなかでもっとも異質的部分を京都に温存していたということ、これが京都のもっているおおきな意味であろうかとおもうのであります。

代謝系と愛着系

ちょっと話をへんなところにとばしますが、わたしは家庭もひとつのシステムであるかとかんがえています。

家庭システム、これもまったくひとつの文明としてとらえることができる。家庭は、家族と家族がすまう家、そのほかの装置、それをささえているさまざまな家の、あるいは家庭の制度、それから家族というようなひとつの組織の問題、そういうものをひっくるめたひとつのシステムでございます。

こういうふうに、システムとして家庭が運営されていっている。そのシステムをよくみますと、そのなかでとくに人間ともの、つまり装置との関係をかんがえてみますと、基本的には、ここにはひとつの新陳代謝が進行している。たべものはもちろんのことですが、耐久消費財といわれるような家具類も、つぎからつぎへと代謝が進行しているわけです。ある程度ふるくなれば粗大ゴミとして廃棄処分され、市役所があつめにきます。いっぽうでは新規に購入されるものもあります。すなわち新陳代謝をやっているわけです。

この種のものは、家庭システムのなかで、いうならば代謝系という名まえをつけられるかとおもいます。代謝ということがなかったらシステムはまったく硬直化する。家庭の硬直化がはじまります。つねに代謝をやらなければいけない。文明というのはいつでもそうなのです。その意味では、たとえば巨大都市でもスクラップ・アンド・ビルドといったことがないと都市というものは健全には運営できない。つぎからつぎとふるいものをぶちこわしてゆくのです。ぶちこわしてあたらしいものをたてる、そういう新陳代謝がつねにシステム内で進行しているということが、ひとつの文明の健全なるありかたであろうとおもうのです。それが多少停滞しはじめますと、これは代謝障害をおこす。そして、動脈硬化そのほかのシステムの硬直化がおこるわけです。つねに新陳代謝をスムーズに進行させなければいけない。その点で、京都も一九世紀末以来かなり上手に新陳代謝をやってきたわけでございます。現在もなおこの代謝は進行しております。

ところがいっぽうで、家庭でどうしてもすてられないものというのがあるのです。新婚旅行のときにどこそこへいって買ってきた記念の品であるとか、あるいは子どものちいさいときにつかったおもいでのおもちゃであるとか、代謝とはまったくべつのものがあるのです。そして、それにはひじょうな愛情がこもり、愛着がある。過去の家族の精神生活のアイデンティティーをささえるものがあるのです。だんだんそれがたまってきて、わたしどもの年になりますと、どうにもすてるにすてられないし、といっても邪魔になるもの、どうしようもないというようなガラクタ類をしこたまかかえているものです。戦災その他で全部やけてしまったというようなこともありますが、そうでない家《うち》は、たいていそういうものをためこんでいるのです。そんなものは全部すててしまえというのはできないことなのです。これがやはり家族の精神的なつながり、あるいは家族としてのアイデンティティーをささえるものになっている。こういう物的システム、これは装置のひとつでございますが、そういう装置のシステムを、さきほどの代謝系に対しまして、わたしは愛着系というような名まえをつけております（註）。人間には愛着をもって保持してゆかなければいけないものがあります。合理的代謝だけではすまない、人間存立のアイデンティティーをささえるようなものとして、愛着系というものがあるのだということです。これがあまりにもおおきくなりすぎますと、さきほどの動脈硬化、システムの硬直化をまねきまして、どうにもならないようになりますが、一般的には多少はそういう部分がある。じつはこれがだいじなことなのです。これがあるということで、やはり家族の精神生活がささえられている。

文明につきましてもおなじようなことがあるわけです。一国の文明につきましても、だいたいはほとんど代謝系なのです。経済の大部分は代謝系の話です。ところが、文化というのはそのなかで愛着系に属するものがおおいのです。これはすてるにすてられない。経済的合理主義には多少反する点もある。ガラクタにちかいものをいっぱいかかえこんでいるわけです。文明がずうっと過去から重層的につみあげられてきたような国では、たいていこういう愛着系の大集積をもっているものなのです。

すでにみなさんがお祭しのように、京都はそうなんだということです。これは日本国における愛着系のかたまりなんです。京都自身は都市としての代謝をやってきておりますが、なお全体としてそうとうの愛着系、すてるにすてられないものをもっている。そして日本の国家、あるいは日本の民族というもののアイデンティティーをささえる要素がたくさんここに沈着している、集積しているということでございます。

（註）家庭システムにおける代謝系と愛着系については、つぎの文献を参照されたい。
梅棹忠夫（著）「捨てるモノと捨てられないモノ――続・家事整理学原論」『暮しの設計』九月号　第五巻第五号　通巻第二九号　七一―八〇ページ　一九六七年九月　中央公論社

この論文はのちにつぎの本に収録されている。

梅棹忠夫（著）『女と文明』（中公叢書）一九八八年一一月　中央公論社〔「梅棹忠夫著作集」第九巻『女性と文明』所収〕

アイデンティティーの伝達装置

そういうシステムということをかんがえますと、これは博物館ということなのです。博物館というのは愛着系の収容所であるとかんがえてよろしい。そのための存在なのです。ただし、博物館であるということは、過去の集積をたしかにもっているわけですが、これはうしろむきのものではございません。博物館というものはつねに未来にむいているものです。つまり、さきほどいいましたように、民族のアイデンティティというものを、未来の日本人という文化集団にわたしてゆくための伝達装置なんだということです。そのために博物館というひとつの装置をつくっている。けっして古物収容所ではございません。古物収容所ならば、これは宝物殿、あるいは倉庫だけあればよい。ここに展示という、ひじょうに金もかかり、全智全能をつくさなければならないような仕事がでてくるのは、それはやはり、精神を未来の国民にどうつたえるかという、そのくふうが問題なのです。それはけっきょく、まえむきでなければ博物館というものは成立しないんだということでございます。しばしば世間では「博物館いり」「博物館ゆき」というと、いかにも古色蒼然《こしょくそうぜん》として、もうどうにも役にたたなくなったものというふうにかんがえられがちでございます。博物館にはイノベーションなどかんがえられないというひとがおおいのですが、じつは逆なのです。博物館とて機能をはたすためには技術がいります。技術はつねに技術革新をともないます。最高最新の技術を動員して、つぎの世代に民族のアイデンティティーを伝達してゆく。そういう伝達装置が博物館であります。これには不断の技術革新が必要なのです。たとえば、今日わたしども国立民族学博物館においてひじょうに力をいれてやっておりますのは、いわゆるさまざまな情報化の最先端の技術を積極的にどんどんとりいれてゆくという仕事でございます。これをやらなければ博物館の機能ははたせない。

ここでもうおわかりだとおもいますが、京都はそうだということです。京都こそは壮大なる日本の博物館なのです。それはつぎの世代に日本の民族のアイデンティティーというものをつたえてゆくために、ありとあらゆるくふうをつくして、過去の文明の集積物を伝達してゆくための装置なのです。これは古文化財の保護というような話とはちがうんだということです。積極性をもってがんばらなければできない。京都自身が積極的な意味での博物館化をはかるべきだというふうにわたしはかんがえているのです。

博物館の役わりはただいまもうしあげましたように、未来の創造でございます。京都はみずから日本文化の、あるいは日本全文明の博物館になることによって積極的役わりをはたしてゆこうということです。しかしそれが、つねに世界の諸文明のなかできわめて特異なというか、非西欧的な原理をここにもっているということです。この点は世界に対して寄与できる。西欧的原理以外の原理がここにある。それによって、世界はなおちがった展開をする可能性がある。そういう普遍性を京都がもっているということです。これはさきほどの博物館のたとえでもわかりますように、そのことはすてておいても達成できることではありません。積極的に未来の文明にむかって京都が寄与できるものを開発してゆく。単にふるい建築物を保存するというようなことではありますまい。もっとさまざまな展開をはかる必要があるとおもうわけでございます。京都はその意味で、あたらしい意味での博物館都市としてかんがえてゆかなければならないということでございます。

普遍文明への寄与

そのなかで、たとえばどういうことがかんがえられるか。わたしどもはいくつかの具体的な提案をすでにおこなってまいりました。ひとつは、現在進行中の、奥田東先生がご提唱なさいました京都の京阪奈文化学術研究都市構想というようなものがあります。そのなかにわたしは「総合芸術センター」というようなものを提案しているわけでございます(註)。世界の芸術の巨大な集積点としてあたらしいものをつくってゆくわけです。これはなにも京都につたえられた神社仏閣、ふるい建築を保存するというような話とはちょっとちがうのです。この都市が芸術理解、あるいは芸術創造においてはたしてきたおおきな役わりをひきつぐ。そのために、世界におけるひとつの芸術の集積点、あるいは拠点として巨大施設をつくってゆこうではないか、というようなかんがえでございます。

さらに日本的なかんがえかた、日本人の思想、あるいはさまざまな日本人がつくってきた技術もふくめて、それのもっている普遍性、普遍的文明としての日本文明の研究、これをやる拠点としては、京都がいちばんむいているのです。ここにはさまざまな集積がございます。普遍学としての日本を研究する、日本文化研究所というようなものの設立も重要な意味をもちましょう。* こういうものは、たいへん具体的な京都の二一世紀世界に対する貢献、寄与の可能性をつくりだしてゆくものであろうかとかんがえているわけでございます。

二一世紀、世界文明はさまざまな矛盾をはらみつつ、一面においては同質化、世界の一様化が進行する。それに対して、非西欧社会の原理がそこにはいってきて、異質化、異化作用がおこってきますが、そのなかで京都がはたすべき役わりというものは、やはりみずからは同質化しつつ、異質化の要素を世界文明に対して寄与することにあるのではないかとかんがえております。

（註）　梅棹忠夫（著）「新京都国民文化都市構想」『中央公論』四月号　第九五年第四号　通巻第一一一八号　一〇〇―一一六ページ　一九八〇年四月　中央公論社（「梅棹忠夫著作集」第二一巻『都市と文化開発』所収）

＊　日本文化研究所の構想は、一九八七年五月、名称を国際日本文化研究センターとして実現した。一九九〇年一一月、京都市西京区御陵大枝山町にセンターが開所された。

VII　京都文明と日本

文明論の台頭

ことしの主題は、たいへんむつかしい「文明」ということばがあらわれてまいりました。全体的な主題といたしましては、「世界文明と京都」というようなことであろうかとおもいます。そして、わたしの基調講演が「京都文明と日本」ということで、どちらも文明ということばがでてまいります。じつは、この文明ということばは、いままであまり、はやらないことばでありまして、日本では文化のほうが圧倒的に優勢でございました。「文明論などをかたるひとは、誇大妄想である。まともな学問ではない」というふうな認識がおおかったかとおもうのでございますが、最近の動向をみますと、ようやく文明論がはやりだしたというような傾向がみられます。この比叡《ひえい》会議も、その影響かどうかわかりませんが、しきりに文明ということがいわれだしているようでございます。

日本でも最近「比較文明学会」というものが成立いたしまして、ことしで三年目になります。まもなくわたしのところ、国立民族学博物館で比較文明学会の第三回研究大会が開催されることになっております。おなじようなことがアメリカにもございまして、アメリカで比較文明学会がやはり成立しており、最近わたしどものほうにインフォーメーションの交流をもとめてまいりました。文明というものを本気になってかんがえてみようという機運が日本だけではなくて、世界的にもりあがってきているのであろうかとおもいます。

従来日本では、文明よりもむしろ文化ということがしきりに論じられてまいりましたが、こうした傾向はヨーロッパではドイツ的なもののかんがえかたに色こくみられるものです。ドイツでは、文化すなわちクルトゥーアが、文明すなわちツィヴィリザツィオンよりも価値あるものという観念が伝統的に存在します。フランスでは、むかしからシビリザシオンということばをむしろ優先してかんがえています。日本はドイツの思想的影響がつよくあったものですから、カルチャーのほうがシビリゼーションよりもより高級なものだというような見かたが明治以来あるようでございます。しかし最近は、その傾向がかわってまいりまして、ようやく文明の問題について本格的にかんがえてみようということになってきたとわたしはかんがえております。

文明とはなにかということでございますが、日本ではどうしても文明というのを物質的なもの、あるいは機械文明というような熟語でかんがえやすいのでございますが、これは日本におけるもののかんがえかたのひじょうな片よりでございます。たとえば現在中国にゆきますと、中国では文明ということをしょっちゅういいますが、中国において文明ということばが意味する内容は、歴然と精神文明のことでございます。日本では精神文明というういいかたはあまりいたしませんが、中国ではそういういいかたが優先しております。

歴史的連続体としての文明

わたしはここ三〇年にわたって文明論をかんがえてきた人間でございますが、わたしがかんがえている文明というのは、むしろフランスにおけるシビリザシオンにちかいものでございまして、精神文明も物質文明も両方ともふくんでおります。歴史的連続体としての文明をかんがえている。そのなかには人間そのものがふくまれております。人間の組織、人間をとりまくさまざまな装置、道路であるとか、建築であるとか、都市・産業、そういうさまざまな装置群、さらにそれを運営するとりきめ、つまり制度ですね。その全体をふくんだもの、それの歴史的連続体が文明だというふうにかんがえております。いいかえると、人間、装置、制度、組織の全体でつくっているシステムがひとつの文明である、その意味では日本文明というものが歴然と存在します。これはふるくから日本人、それをとりまくさまざまな装置群、制度群、それから組織体、そういうものの歴史的連続体としての日本文明というものは、あきらかに存在するわけであります。それのある一面に対する投影物、これが文化だというふうにわたしはかんがえています。ですから文化というのは、文明の一局面、一部分にすぎない。われわれの生活全体を統合的にとりあげる方法は、文化論ではなくて文明論なのだというふうにわたしはかんがえております。そういう観点からきょうは世界・日本・京都というようなものをとりあげて、若干の問題提起をしてみたいとおもっています。

「西洋化」の誤解

　戦後さまざまな外国人がヨーロッパからも、アジア諸国からも、アメリカからも、おおぜい日本をおとずれました。そのみなさんのおっしゃることは、かなりよく一致していたかとおもうのでありますが、それは日本のウェスタニゼーション、日本の西欧化がひじょうにいちじるしいと、ときにはヨーロッパのひとは、こんなにアメリカ化してゆくのはたいへんこまる、というような発言もたくさんあったわけでございますが、それはやはりヨーロッパのかた、アメリカのかたも文化と文明とを混同している、あるいは文化の面においてだけ日本を評価しようとしている、そういうふうにわたしはおもうのです。

　なるほど、われわれは労働着としてはこういう背広といったウェスタン・スタイルのものをきている。また日常生活、建物にしましても、いわゆる西欧起源のもののなかにすんでいる。そういう皮相なる現象をとらえて、日本がひじょうに西欧化したというふうにみなさんとらえておられたわけですが、それは歴史的連続体としての日本文明というものを認識していない見かたでありまして、にわかにそんなものができたわけではない。われわれの立場からいえば、これはべつに西欧化でも欧米化でもないのでありまして、日本文明の近代化ということにすぎない。日本文明が多様なるものをとりいれて、こえふとった結果にすぎない。それには、やはり何百年かかかっているわけです。にわかにできたことではない。歴史的連続体というのは、そういうことです。数百年まえからしだいに形成されてきて、今日こういう状況にいたった、そういう存在である。歴史的連続体としての日本文明をみないで、皮相な欧米との類似性だけをとりあげて、日本が欧米化したといわれるのは、はなはだ心外なことでございます。日本は近代化はしたけれども欧米化はしていない、というのがわたしのかんがえでございます。

なるほど日本の町をあるきますと、西洋ふうのレストランがやたらにございます。だからといって日本が西洋化したということはいえない。今日カルフォルニアあるいはアメリカ西部において日本料理店がむやみやたらとありますが、だからアメリカが日本化したとはだれもいわない。これはアメリカが日本的なものをとりいれたということにすぎないのであって、おなじように日本が、アメリカ的なあるいはヨーロッパ的なものをとりいれたにすぎない。それだけ日本がこえふとったのでございます。

ついでに、いろいろそういう現象的なことをもうしますと、日本の食事がきわめて西洋化した、洋風化したということをみなさんおっしゃいますが、それはまちがいでございまして、豊富化したにすぎない。ハムの製造量および消費量がひじょうにふえているということをもって、日本の食事の洋風化のあらわれというひとがありますが、統計をしらべてみますと、ハムと同時にカマボコの製造量と消費量がものすごくふえているのです。これはいったいどういうことなのか。おなじように、コメの消費量はひじょうにへったということをおっしゃる。それで欧米化ということをおっしゃるのですが、じつはしらべてみますと、パンの消費量もおなじようにへっているのです。これはどういうことか。こうした点でもって欧米化はいえないということです。

わたしがかんがえますには、これは文明としての歴史的連続体としての日本文明が、全体として多様化し、こえふとってきたという現象なのだ、というふうにみているわけでございます。そういう点では、ヨーロッパもアメリカもひじょうに豊富化して多様化してきております。おなじことが全世界的におこっているのです。

文明圏の成立

もうひとつつっこんでもうしますと、じつは文明とはどういうことなのか、あるいは文明化とはどういうことなのかというと、これは同一化ということなのです。ひじょうに斉一的なものへ全体がかわってゆく、これが文明化の傾向なのだということです。むかしからそういうことがおこっております。たとえば極東文明圏においては、さまざまな部分システムがあったわけですが、それがしだいに漢文明、中華文明にならって、それに似た各部分システムをつくりあげてゆく。日本もその道をたどったわけであります。朝鮮半島も、あるいは現在の中国東北地区にありました諸国家群、あるいはモンゴル帝国、安南《あんなん》帝国、そういう各周辺部の諸帝国、諸王国がしだいに中華文明に足なみをそろえていった。そこで極東文明圏というものが成立したわけでございます。それは一種の斉一化へのあゆみであった。その意味では文明は、じつはコンバージェンスなのだということです。

おなじようなことが西欧文明にもあります。西欧文明は、初期においてはじつにさまざまなちがったものを包含しておりました。それがしだいにヨーロッパ的なもの、斉一なものへあゆみはじめて、現在みるような西欧文明圏、これも一種の歴史的連続体でございますが、そういうものをつくっていった。おなじようなことがイスラーム世界にもおこっております。イスラーム世界も古代・中世においてはさまざまなものがあったわけでございますが、しだいに斉一なイスラーム文明というものに足なみをそろえてきたのであります。

コンバージェンスとダイバージェンス

そういうように文明というものは、じつはある巨大な地域、ある部分システムの集合体が共通のものへしだいにコンバージしてゆく、収斂《しゅうれん》してゆくというのが、現代までにみられる文明のあゆみであろうかとおもうのです。

地球上の人間集団のさまざまな部分システムが成立し、一九世紀にはいってからも着実にひとつの地球文明というところへうごきつつある、それがさらに今日において、収斂しつつあるわけでございます。そのあらわれが現代日本でもみられるような現象になってでてくる。アメリカにも、ヨーロッパにもおなじようなことがございます。そのほか極東諸地域、東南アジア、アフリカにおいてもおなじような現象が進行しているわけでございます。そういう意味で、これは世界のコンバージェンスであるというふうに、わたしはいちおうかんがえているわけであります。

京都もまたおなじコンバージェンスの道をたどっております。そして、たどらざるをえない。現代の京都は、その意味では世界じゅうどこにでもあるただの都市と足なみをそろえつつある。世界文明のコンバージェンスの方向へながれていっているわけです。ご覧のとおり、京都の町なみ、建築、これには京都的特徴はほとんどございません。つぎつぎとあたらしい、そして普遍的な建築様式をとらざるをえない。たとえば都市交通システムにいたしましても、世界じゅうの都市がたどったように市電も廃止せざるをえない。全体としておなじ方向へながれてゆくわけです。交通システムも全部おなじです。市を運営するさまざまな制度群、これも近代・現代都市としての共通性のほうが特殊性よりもはるかにおおきい。さまざまな組織運営方法も、世界の諸都市とあまりちがわない、おなじような方向へどんどんうごいてゆく。

これもおそろしく現代世界文明の象徴みたいな現象でございますが、世界諸都市のある種の縁ぐみが進行する。これは一九世紀までにはかんがえることもできなかったような現象でございます。そういうことが進行していっている。そのかぎりにおいて、京都も近代文明におけるただの都市になりつつあるわけです。

産業にいたしましても、世界市場というものが成立しておりまして、世界市場においてそれぞれの地方産業というものをどう位置づけるかというところに問題はしぼられてきている。産業化というものが進行する。いわゆる近代化でございます。着実に近代化が進行している。着実に近代化が進行するということは、じつは、つまり着実に世界化が進行することである。あるいは世界文明化が進行することであるというふうにかんがえられるかとおもうのです。京都もまたそのコースからはずれることはできません。

ここでわたしは、文明におけるコンバージェンスということをもうしあげました。世界はコンバージェンスの方向にあゆみつつあるということでございます。ところがいっぽうで、世界がすべて共通のものに収斂してゆくのか、コンバージしてゆくのかというと、かならずしもそうではない。

わたしはつい先日アメリカ、カナダからかえってきたばかりですが、むこうでもそういう議論がありました。たとえば、まもなく世界じゅうが英語をしゃべるようになるのだという見解がむこうの大学でおこなわれておりました。はたしてそういうものでしょうか。アメリカを中心とする英語文明圏というのは確実に成長していることは事実です。しかしおなじように、現在この一〇年ばかり日本語文明圏が確実におおきくなってきた。わたしは国際交流基金の日本語の問題のさまざまなうごきに多少関与しておりますが、日本語学習者の増大はすさまじいものです。日本語に対する需要がたいへんないきおいでふえてきている。その状況に日本側が対応できないというのが現状なのです。これは数百万人の日本語学習者がいるにもかかわらず、日本語の先生の養成というものがそれに追いつきそうもない。そのくらい日本語文明圏というものが拡大しつつある。これは主として東南アジア、中国、オーストラリア、ニュージーランド、太平洋諸島、そういう地域で目ざましい現象でございます。韓国もいうまでもございません。

英語文明圏の成長とおなじようにフランス語文明圏、ロシア語文明圏というのも確実におおきくなってきております。世界にいくつかのそういう部分文明圏というものが並立する状態にはいりつつある。英語ひとつでコンバージしてゆくということは、現状においてはとうていいいえない。アメリカは全部英語でとおりますから、そういう気になるのですが、一歩アメリカをはなれると、そういうふうにはおもえない。おなじように服装ひとつにしても、全部が背広、あるいはご婦人のワンピース、ツーピースというようなかたちになるかというと、どうもかならずしもそうはゆきそうもない。現に本日、千《せん》登三子さんは和服で出席されています。和服の力は依然としてそうとうつよいのです。また、たとえばイスラーム諸国におきましても、一時代まえの女性の頭からのかぶりものが復活しておりまして、現在たとえばカイロあたりのファッションは、ふるいイスラーム・スタイルになりつつある。インドのサリーというようなものも、これがきえるという可能性は当分かんがえられない。かえってそういうものが息をふきかえしてくるわけです。つまり、一方でコンバージェンスがすすむと同時に、他方ではダイバージェンスがまたすすむという逆説的状況が現在あるわけです。

それがさきほど食べものの例でもうしましたが、日本の場合でも全部が洋食化するということではない。ハムをたべると同時に、カマボコもたべているわけです。洋食をたべると同時に日本食をたべている。世界じゅうがそういう一種のダイバージェンスをともないながらコンバージしてゆくという、ちょっと逆説的なふしぎな現象が現在おこっているかとわたしはおもうのです。

絶妙なる調和

さきほどもうしましたように、コンバージェンスとダイバージェンスの微妙なからみあい、戦後欧米からやってきたかたがたは、日本文明はひじょうにウェスタナイズしたというふうにおかんがえであったのですが、最近は評価がかなりかわってきております。むしろ日本は、伝統と近代化の絶妙なコンビネーションをつくりあげたというふうに評価がかわってきている。これはまさに、いまわたしがもうしましたようなダイバージェンスとコンバージェンスの絶妙な調和ということ、そのぎりぎりの接点のところを日本はあゆんでいるのだということでございます。

これは世界各国でみとめられているところでございますが、日本における科学技術、あるいは近代産業、都市文明などは、だいたいにおいて世界の最高レベルに達しております。どこへゆきましても日本以上の国は、そうたくさんあるわけではない、みごとなものができあがっております。しかも、そのなかに温存されているさまざまな伝統的価値というものは、終戦後日本にきた欧米のかたにはみえなかった。それがみているうちにだんだんと、これはたいへんなことだと気がつきはじめている。これは、日本文化がますます日本化してゆくという傾向とともに、ますます世界文明化してゆくという、その文化と文明との絶妙なバランスのうえにたっているというふうにかんがえることができる。今日日本は、そういう文化的伝統からいえば、やはりひじょうにつよいダイバージェンス、自己特殊化の方向をたどっているというふうにみてよいとわたしはおもうのです。それでいて文明の構造においてはひじょうに世界化がすすんでいる。

ひとつの具体的な実例をもうしますと、わたしはこの春、「都をどり」をみにいったのでございますが、現在あの「都をどり」の舞台装置というものは、かなり技術的なくふうをくわえて、ひじょうによくできております。舞台の転換などもはやい、どんどん進行してゆくわけです。しかし、なにをやっているかともうしますと、八〇〇年まえの物語をそのままやっているわけです。ことしは平家物語の絵巻物を展開しており、そのなかにおける人間の心のやりとりとか、あるいは美的感覚というようなものは、おそろしく日本的なものです。それはあきらかにふるい物語の世界を再生産している。現代において再生産して、それを機械文明を駆使してちゃんと現在再演している。これは八〇〇年間おなじであったとはわたしはもうしませんが、あの伝統的な、われわれがしっている平家物語の世界が、ここに絢爛《けんらん》豪華に展開されているわけです。それを展開する手段は、全部現代の機械的な、技術的なものであると、そういうふうになっております。

もし、これがある国のように、すべてそういう精神的、伝統的なものをうちすてて、まさに西欧的近代をここで機械的に再現するというならば、これは話はかんたんでございますが、日本は、そうはなっていない。世界的にも、だいたいは日本のようなタイプでいっている国がおおいかとおもいます。ヨーロッパでもそうです。ヨーロッパでも、やはりヨーロッパの古典的・伝統的価値というものを、近代文明のうえにのせて再現し、その価値を再創造しているということだとおもうのです。

虚か実か

そこで、じつはこれは去年の比叡会議の主題「二十一世紀世界における京都」とも関連するわけですが、近代文明が精神的価値をうむのか。ひじょうに大ざっぱにいうと、文明と文化の関係で、文明が文化をささえるのかどうかということです。

昨年の比叡会議では討論の時間にはいりましてから、虚か実かということがさかんに議論されました。かんたんにいうなら、文化と経済の関係でございます。経済を実というならば、文化は虚の世界ではないか。虚業が繁栄するためには、その基礎として実業が先行しなければならないのではないか。虚をささえるものは実ではないかという議論でございました。わたしはこれは逆ではないかとかんがえています。つまり精神的、伝統的なものがあればこそ、機械技術文明が展開する。そういう逆の関係がひじょうにつよい。

去年は、それを実と虚ということばであらわされておりました。つまり実業がなければ文化というような虚業は成立しないのだという主張がいっぽうでひじょうにつよくでておりますが、これは逆ではないか。虚があればこそ、実がささえられているのだ。虚とはなにか。これは文化の問題、さきほどのことでいえばダイバージェンスの問題ですが、創造的な精神活動でございます。これがあればこそ、実質的な、日常的な、代謝系ということをわたしは提唱しましたが、日常代謝的なメタボリズムの世界が運営されるのだ。メタボリズムの世界が精神的、伝統的なものをささえているのではない、創造的精神をメタボリズムがささえるのではない、ということでございます。

じつは、実業が虚業をささえるならば、今日世界におけるユダヤ人、あるいは海外にでております華僑《かきょう》、この人たちはたいへんおおくのお金をもっています。実業的にはたいへんな力をもっています。にもかかわらず結集点がない。もちろん精神的な団結はあります。しかし創造的精神活動をつぎつぎうちだしてゆくかというと、そうではない。物質、あるいはお金があっても、実業があっても、それはかならずしも伝統的・精神的創造の世界を活発化させるものではないということなのです。それには結集点が必要なのです。

その結集点があるかないかということがきわめてだいじなことです。これがアイデンティティーの問題で、これがじつはダイバージェンスをつくってゆく。さまざまなコンバージェンスがあったとしても、それは世界がただ一様の様相を呈するきっかけになるだけでございまして、それぞれがなににむかって、なにを再創造してゆくかという結集点にはならないということです。おなじように、やはり国家の、あるいはひとつの文明の結集点をつくることに努力しても、なかなかうまくゆかない例がたくさんあります。それのおおきな例がアメリカ合衆国でございます。これはあるひとつの理想をもって国づくりをはじめたのでありますが、かならずしもそれは理想どおりにはいっていない。力はありますが、それをもってひとつの巨大な精神的創造ができているかというと、わたしはかならずしもそうではないとおもいます。おなじようにブラジル合衆国というのもそうです。これはつねに統合ということをくりかえしいわなければ国がもたない。あるいは統合と秩序ということをくりかえし国民によびかけている。そこですばらしいブラジル的な世界に貢献するようなブラジル文化が、現在続々とつくられているかというと、かならずしもそうではないのです。結集点がまだよくわかっていない。そういう、いまだうごきつつある社会文明あるいは人間の部分システムというのは、世界じゅうにはいくつもあるのです。一面では、そういう国ぐにもコンバージェンスの道をたどりながら、他面ではべつのダイバージェンスの道を模索している。しかしダイバージェンスの結節点がもうひとつわからない。統合のシンボルはなにかということがまだよくわかっていない。アメリカにおいてさえもそうなのです。

ナルシシズムは諸善の根源

そこで日本の場合ですが、日本の文化的統合のシンボルはなにかというと、これが京都なのです。京都があればこそ、日本の文化的統合ということは成立するのだということで す。京都が日本のアイデンティティーをあたえているのだと。今日の日本のアイデンティ ティーをあたえているものは、じつは科学でも、技術でも、産業でもないのです。これは もうあきらかに価値の体系の具現体としての京都である。京都がなくなれば日本は解体し ます。逆に京都があるかぎり日本は生きのびる、もっとひどい言いかたをすれば、日本が ほろんでも京都は生きのこります。それは、そういう歴史的連続体としての文明がここに 存在するからです。ここには、やはりひとつの結接点があります。精神的統合がここでは できるわけです。京都に現実に存在する繊細にして優美なるもの、あるいは精緻《せいち》にして雄 大なるもの、これはやはり日本のうみだした歴史的連続体のシンボルである。あらゆるバ ーバリズムとは反対のものがここには存在するわけです。それがつねに再生産の基礎をあ たえている。これが京都のたいへんおおきな意味だとおもうのでございます。

昨年の討論のなかで、東京あるいは大阪からの参加者の感想のなかで、京都人のかんが えていることに、ただただおどろいた、あるいは、あきれてしまったというご発言があっ たと記憶しております。「なんというナルシシズムか」という指摘であります。それに対 して、わたしが昨年もうしあげたことばをくりかえしますと、ナルシシズムこそは諸善の 根源、すべてここからうまれるのだ、これがなければダイバージェンスもなにもおこらな いのだということです。京都にはこれがあります。日本全体にもあります。日本全体やは りひじょうにナルシシズムの傾向をもった国だとおもうのですが、それのほんとうの精神的結接点、あるいは象徴として京都が存在する。その意味では、京都ナルシシズムが諸善の根源だということなのです。つまり、ローマをチッタ・エテルナという永遠の都というならば、まさに京都もチッタ・エテルナだとわたしはかんがえているわけです。

京都における産業技術、あるいは経済というようなものがこの文化をささえるのだという議論もございますが、わたしは、それは全部逆だとみているわけです。つまり京都ナルシシズムが京都の産業をささえるのだということです。あるいは京都の産業ではなくて、京都のナルシシズムが日本をささえるのだと。その意味で、もともとこの町はローカル・システム、ローカル文明でできた町とはちがうのです。この都市は全日本のあがりでくっている都市です。ということは、つまり経済的に全日本、あるいは世界を相手にしてはじめて存在するような、京都はそういう都市であるということです。もともと日本は構造的にひじょうにローカル・システムのしっかりした国でございますが、そのローカル・システム、日本の場合は大名領がおおいのですが、そのほかに天領、寺社領などの小経営体がたくさんありました。そういうローカル・システムで成立していた。そういう全体のシステムのなかで京都だけがまるでちがうのです。京都はローカル・システムをつくらなかった、全国システムのうえにういていた都市でございます。その点は今日でもそうなのです。そのことをわすれてはいけない。つまり日本のアイデンティティーをたもつためには、京都を保持しなければいけない。その京都の保持は京都がするのではないということなのです。これは全国がやる、全国民が京都の維持をしなければいけない、そういう構造になっているのです。このことは京都人もわすれてはいけませんし、京都人以外のひとも、くりかえしいわなければいけない。京都を維持するのは全国民の責任ですということです。京都のアイデンティティーをうしなったら、これは日本のアイデンティティーがこわれるときだと、そういう構造になっている。ですから京都のことは京都のひとがまもるというような発想は全然だめだということです。

遺伝子プールへの期待

そこで「京都は世界のためになにができるか」。京都というのは日本におけるダイバージェンスの傾向を具現化している町です。これは世界のコンバージェンス、つまり同一化とは反対の方向、そういう傾向をもっている。つねにちがうものをここからだしている。それはけっして伝統の保持というようなことだけではなくて、いまでもかなりそういう傾向がございますが、つねに伝統を破壊しつつ、あたらしい再創造をやると、それだけの素地がここには温存されているわけです。

これは生物学的な比喩《ひゆ》をもとめますと、この都市は保持している遺伝子がだいぶちがうのです。この遺伝子はまだどういう役にたつかわからない。コンバージェンスで遺伝子が斉一的なものになってゆくと、でてくる生物はみなおなじだということになる。京都はだいぶちがうものを、まだしっかり温存しているわけです。この遺伝子が突然変異をおこしますと、またなにがでてくるかわからない、というところがあるのです。ひじょうに汎《はん》文明的ともうしますか、ちょっといいかたは変ですが、現代のコンバージェンスの傾向をたどっている文明とはちがうものがでてくる可能性がある。それを温存している町だとおもうのです。それはだいじにしなければいけない。

これは日本のほかの部分にはあまり期待できないことなのです。どんどん斉一化がすすみまして、さいわいなことにエッセンスのところは京都にのこった。日本の遺伝子のエッセンスをダイバージしてゆく方向のものが京都でのこったということです。これをひとつの巨大な遺伝子プールとして、この都市をまもってゆきたい。そこからなにがでてくるか。これは、かなり破壊的なものがでてくる可能性もありますし、わたしはでたほうがよいとおもうのです。単に伝統をまもるということではなくて、伝統を破壊することがじつは伝統なのだ、そういう構造を内部にはらんでいる。わたしは、まだまだこの都市がもっている、そのような反伝統的活力というものに、そうとう期待をもっているわけです。反伝統的活力というものは、まさに伝統のなかでそだてられてくるものだということでございます。

追記

第三回の比叡会議が成功裏に閉幕してまもなく、世話人のひとり榊田喜四夫《さかきだきしお》氏が逝去された。

第四回の比叡会議の準備のための世話人として、稲盛和夫、梅棹忠夫、小谷隆一、矢野暢のほかに、あらためて大原謙一郎、村田純一　湯浅叡子《えいこ》の三氏がくわわった。

第四回の比叡会議のテーマは「普遍的文明としての日本」ときまり、例年どおり基調講演はわたしがおこなうことになった。ところが、一九八六年三月、わたしは両眼の視力をうしない、開催期日がせまってきても入院したままで、回復しなかった。やむをえず基調講演は辞退し、あらためて石毛直道氏（国立民族学博物館教授）をすいせんした。

第四回の'86比叡会議は一一月四日と五日、比叡山国際観光ホテルにおいて開催された。第五回以後も毎年、会議は開催され報告書もでている。しかし、わたしは第五回以後は会議には出席したが、基調講演はおこなっていない。

VIII

私家版　京都小事典

目次

上ル下ル

京都では地名を正確に発音しないと道にまよってしまう。たとえば烏丸を「カラスマル」といってはならない。「カラスマ」といわなくてはいけない。四条は「シジョウ」である。

京の町名には故事来歴、由緒のあるものがおおく、尋常一様のよみかたでないことがおおいが、これはおぼえるしかない。例をだせば帷子《かたびら》ノ辻《つじ》、太秦《うずまき》、万里小路《までのこうじ》、間之町《あいのまち》、釜座《かまんざ》、椹木町《さわらぎちょう》、衣棚《ころものたな》などがあげられよう。

また京都の地名には、町名のほかに通《とおり》名がついていて、通の名で東西南北の座標がきまっている。めざす通の名まえをしっていなければ、目的地にたどりつくのにも難儀することがある。

そこで、京都の子どもたちは、わらべ唄《うた》に通名をうたいこんでおぼえたものだ。たとえば東西の通はつぎのようにうたう。

〽丸《まる》、竹《たけ》、夷《えびす》、二《に》、押《おし》、御池《おいけ》、
姉《あね》、三《さん》、六角《ろっかく》、蛸《たこ》、錦《にしき》、
四《し》、綾《あや》、仏《ぶつ》、高《たか》、松《まつ》、万《まん》、五条《ごじょう》

丸太町《まるたまち》通から五条通までの東西通をうたいこんだものだが、南北通のわらべ唄もべつにある。この通名さえおぼえておけば、京の町ほど目的地にたどりつきやすい町はないのだ。

住居表示にも京都の旧市街では京都独特の法則がある。たとえば京都市役所は、中京区《なかぎょうく》寺町通御池上ル上本能寺前町《てらまちどおりおいけあがかみほんのうじまえちょう》にある。これは寺町通と御池通の交差点を、御池通を横ぎって北へゆく。そこの上本能寺前町に市役所が存在しているということを表示している。京都では四つ辻を基本にして、北へゆくのを「アガル」、南へは「サガル」、東へゆくのを「ヒガシイル」、西へは「ニシイル」と表現する。そして四つ辻の、横ぎってゆく通名が、かならずうしろにきて、「通」の字を略すのが住居表示の原則なのである。この法則さえこころえていれば、江戸時代の旅行案内をつかっても、目的地にたどりつける。これが京の町なのである。

出雲の阿国

歌舞伎《かぶき》発祥の地はもちろん京都である。四条大橋東詰《ひがしづめ》の南座の西側に、現在、「歌舞伎発祥の地」という石碑がたっている。ただ歌舞伎発祥の地については異論もある。歌舞伎のもとは、出雲《いずも》の阿国《おくに》がはじめた「かぶきおどり」であるとすれば、出雲の阿国は一座の本拠を北野において、北野神社の社頭で奉納芝居の興行をしていた。それが歌舞伎の最初ということになる。

出雲の阿国という女性は資料のすくないひとで、伝説もおおいし、ましてわたしは専門家でもないので、たしかなことはいえないが、四条大橋東詰にたつ石碑は、南座の箔《はく》づけではないかと推測している。

南座といえば、むかし四条通をはさんでその北側に、北座という芝居小屋があった。その建物は明治期に解体され、西陣《にしじん》の千本《せんぼん》に移築されて千本北座となった。これがのちの千本座で、映画揺籃《ようらん》の地となった。

裏若狭街道

比良《ひら》山系の西にそって若狭《わかさ》から京都へぬける街道がある。朽木谷《くつきだに》を南へすすみ、花折《はなおり》峠、途中《とちゅう》越えをして大原にでて、八瀬《やせ》を経由して京都にいたる道である。交通が現在のように発達していないむかし、若狭で陸あげされた魚は塩をし、ひとの背にかつがれて、この街道をはしるようにして京都にはこばれた。京都では「若狭のひと塩もの」として珍重されていた。このことから、この街道を鯖街道《さばかいどう》ともいう。

ところで、この街道が八瀬から京都盆地へぬける道は、現在の国道すじではない。八瀬から南にあるひくい横山の東の鞍部《あんぶ》をこえ、修学院《しゅがくいん》にでていたのだ。そしてここにある峠に関所をもうけ、私的な蓄財をはかったのが室町幕府の八代将軍足利義政《あしかがよしまさ》の夫人、日野富《とみ》子《こ》であった。彼女はみずからの子を将軍後継者にすえようとして、応仁《おうにん》の乱の端緒をつくった女性でもある。

この裏若狭街道は、京都から東北にのびる道すじであり、冬になると、この街道ぞいにそびえる比良の山やまが雪におおわれ、どんよりとくもりがちな京都の北の空に、巨大な白鯨のようなしろくくっきりとした山容をみせる。

映画

日本における映画ロケーション発祥の地は、諸説あるらしいが、わたしはロケーション映画の記念すべき場所として、京都西陣《にしじん》の千本座《せんぼんざ》裏、大超寺《だいちょうじ》の境内をあげたい。千本座は「日本映画の父」といわれるマキノ省三が座主をつとめる芝居小屋であった。そのマキノに横田商会が映画製作をもちかけ、京都の映画製作ははじまった。

マキノは試行錯誤のあと、のちに「目だまのマッチャン」と愛称されるようになる歌舞《かぶ》伎《き》役者、尾上《おのえ》松之助《まつのすけ》とくみ、大超寺境内で『碁盤忠信《ごばんただのぶ》』をとった。一九〇九（明治四二）年のことだという。尾上松之助はこれをきっかけに、日本映画初期の大スターとしてのあゆみをはじめた。大超寺境内はそうした記念すべき場所なのである。境内の、松之助とおなじ大イチョウのしたで、わたしは少年時代チャンバラゴッコをしていたものである。

映画製作にのりだしたマキノ省三は、松之助とくんでつぎつぎとヒットをとばし、勢力を拡大、等持院《とうじいん》に撮影スタジオを建設するまでになる。くわえて、関東大震災をのがれた映画人が京都にうつり、映画各社のスタジオが太秦《うずまき》に建設されるにおよんで、この地は

「日本のハリウッド」と称されるようになる。尾上松之助はその頂点にたっていたのである。

松之助はかずかずのヒット作をのこし一九二六（大正一五）年になくなるが、その葬儀は盛大なものだった。劇中の時代衣装をまとった映画スターが、それぞれ松之助の遺品を手に千本通を行進し、松之助ゆかりの千本座で葬儀がおこなわれた。わたしは家の二階から、そのはなやかな行列をながめていた記憶がある。

戦後も、太秦は映画製作の拠点であったが、テレビの普及による映画の衰退は太秦にもおしよせ、映画撮影所は閉鎖されたり、ボーリング場に転身したりしていった。ただ東映撮影所だけは、なんとか映画製作をつづけたいと、知恵をひねり、オープンセットを利用して東映太秦映画村を開村した。最初は、アメリカのハリウッドで映画村が成功した話をきいて、半信半疑ではじめたらしいが、予想を大はばにうわまわる人気をあつめ、戦後ではめずらしい京都の新観光地となった。

王城の地

王城の地ということばは、このごろはあまりつかわなくなったが、むかしは、「京都」といえば「王城の地」とつづいた。このことばは、市民のあいだ、子どもにまでつかわれていたのである。もちろん帝都の意味であるが、明治天皇が東京にいってしまわれてのち、かえってひんぱんにつかわれだしたものであろう。

京都のひとには、依然として帝都意識がある。市内の中学、高校の校歌をしらべれば、「王城の地」ということばがしばしばみつかるだろう。

京都は王城の地であり、比叡山《ひえいざん》は王城の守護であった。

奥さま

「おくさま」ということばは、どこでつかわれだしたのか。武家からではないかとおもう。武家屋敷というものは、正面に式台、玄関があり、奥さまは家の奥のほうにいて玄関にはでてこない。それで奥さまと称されるようになったのではなかろうか。そのいいかたが、明治以降にひろまって、どこの家でも、女房・細君のことを奥さまというようになった。ただし、一般につかわれるようになったのは大正以後、昭和にはいってからのことだろう。

京都でも、大正末ぐらいからぼつぼつつかわれだしていた。ただし、町家《まちや》ではなくて、むしろ当時の郊外の新開地で女房のことを奥さまといっていた。下級サラリーマンにまずひろまったのである。しかし京都の町なかの一般家庭では、依然としてつかわれていなかった。京都には「奥さま」はいなかったのである。

では町なかではどうよんでいたかというと、三都をならべると、江戸が「おかみさん」、大阪が「おいえはん」、京都は、これがおもしろいことに、むかしの三都比較の本にもでてくるように「京は名をよぶ」のだ。京都ではむかしから、たがいに名をよびあう習慣だった。

おのぼりさん

地方から京都へくることを「ノボル」といった。逆に京都から地方へゆくのは「クダル」であった。

地方にすまうものは、京にのぼるのを夢とした。軍勢をひきいて京にのぼる。青雲のこころざしをいだいて志士が上洛《じょうらく》する。平安時代から明治維新まで、その夢はかわらなかった。それで地方からきたひとを「おのぼりさん」と京都のひとはよんだ。

ところが、明治天皇が東京に行幸《ぎょうこう》し、地方のひとが、京都へ上洛する意味が減じてしまった。くわえて一八八九（明治二二）年、東海道線が全通すると、どういうわけか、東京方面ゆきが「上《のぼ》り」、神戸方面ゆきが「下《くだ》り」となっていた。京都のひとはとまどった。もっともとまどい、理解できなかったのが子どもたちである。京都へくるのが「ノボル」、よそへゆくのが「クダル」なのに、なぜ東京ゆきの汽車は「上り」なのか。こう親にたずねて、親も説明に難儀したという。

昭和のはじめでもそういうことをいう子どもはおおぜいいた。地方から京都にくるひとを「オノボリ」さんというのに、というわけである。当時は、まだなんでも京都がいちばんというかんがえかたが一般的で、京都中華思想とでもいうべき気分が市民を支配していた。

よそからきた修学旅行生ののった観光バスをみかけると、京都の子どもたちは、正式な学校名が正面にはってあっても、東京や大阪の学校であっても、すべて一括して、「イナ中《ちゅう》」「イナ女《じょ》」とよんでいた。いなかの中学校、いなかの女学校の意味である。京都以外はすべていなかなのだ。

さて、このごろの京都の子どもたちは、こうしたことをどうかんがえているであろうか。

大原女

いろはカルタは「い」からはじまって、ゑひもせす「京」でおわる。ゑひもせす「ん」というカルタはない。「ん」からはじまることばがないから、「京」がつかわれるのである。「京」の取り札《ふだ》には大《お》原女《はらめ》の絵がかいてある。そして読み札は「京にいなかあり」である。どういうことかというと、京都市内でもいなか風俗がみられるということだ。近郊の農村から京都にもの売りにくる人たちのことをさしている。

大原《おおはら》は、現在は左京《さきょう》区に編入されているが、平家物語の「大《お》原御《はらご》幸《こう》」で有名な里である。大原女はこの大原の里からでてくる。彼女たちはむかしは薪木《たきぎ》を売りにきたものであろうが、現在では鞍馬《くらま》などもくわわって、木の芽だきとか、しば漬などを売りにくる。

「はたのおば」というのがある。これは京都西北の周山《しゅうざん》街道ぞいの梅ケ《うめが》畑《はた》からくる。裁《た》っ着《つ》け姿で彼女らは毎日やってきた。「ハシゴやクラカケ、いらんかえー」とよばわりながら、おおきなハシゴを女性が頭のうえにのせて、売りにくる。あるいはクラカケをふたつ三つ頭のうえにちょんとのせて、売りにきた。「クラカケ」というのは小型のこしかけで、ちょっとすわるのにつかっていた。商家の丁稚《でっち》は土間でくらかけにこしかけて、昼食をすますことがおおかった。

そうした風俗にならってはじまったのが白川女《しらかわめ》で、北白川は明治以降、花処《はなどころ》として比較的あたらしく発展する。そして京都市中の仏壇用のお花をこしらえて売りにきた。ついさきごろまで北白川の祭には白川女の行列があった。

火事

京都の町ではかまどを「おくどさん」とよぶ。くろいかまどのそばの柱には、かならずむつかしい字でかいた「火廼要慎《ひのようじん》　阿多古《あたご》神社」というおおきなお札《ふだ》がはってある。愛宕《あたご》神社のお札である。

愛宕神社は火の神さまだから、京都の市民はみんな京都西北にある愛宕山までのぼって、神社のお札をいただいてかえり、それを自分の家の台所にはりつけた。

映画でも台所のシーンにこのお札がはってあると、とたんに京都の町家らしくなる。

　愛宕さんのお札があるからというわけでもないのだろうが、京都は比較的大火事のすくない都市である。この点、火事が名物の江戸とはたいへんちがっていた。しかも近年、出火率が年々減少している。世界の大都市のなかで最低ではなかろうか。

　それはやはり、京都という町の都市性におおきく原因しているとおもうのだ。要するに、絶対に火はださないという、市民相互の徹底した自己規制がなされている。たとえば子どもの花火は、たらいのうえでする。火あそびはもっともいみきらわれていた。火に対してはきわめて神経質であったのだ。

　ついでにのべれば、京都で自分の家に火災保険をかけている家は、ほんとうにすくない。東京であれば、火災保険はかならずかけるものなのだそうである。京都は火事がないから保険料もやすい。しかし、それでも京都のひとはかけていない。京都という都市は、このようにきわめて安定した生活のできる町のシステムをそなえているのである。

川のながれ

　中国の川は長江《ちょうこう》、黄河をはじめ、すべて西から東へながれる。ただひとつ例外がある。青海省の倒淌河《タオタンホー》である。

　唐朝のお姫さま、文成公主《ぶんせいこうしゅ》がチベット王のもとに輿《こし》いれする。日月峠をこえて唐土と訣《けつ》別《べつ》して、はらはらと涙をながす。その涙がこの川になった、という話がある。峠をこえてからだから、この川は反対に東から西へながれた。

京都の川はすべて北から南へながれている。鴨川《かもがわ》はもちろんのこと、堀川、紙屋川《かみやがわ》、白川、みんなだらかな京都盆地を北から南へとくだり、淀川《よどがわ》へながれこむ。だから京都では川のながれをみただけで方角がわかるようになっている。

ところが例外がひとつだけある。京都ではお姫さまはでてこないが、人工の河川、疏水《そすい》の分流がそれである。蹴上《けあげ》でトンネルからぬけだした琵琶湖《びわこ》疏水の水が分流して、南禅寺《なんぜんじ》の裏を水路閣とよばれる水道橋によって谷をまたぎ、東山《ひがしやま》をまくように山ぞいに若王子《にゃこうじ》、浄土寺と北上し、北白川、高野《たかの》、松ケ崎、下鴨《しもがも》へと、地形にさからう逆傾斜の運河で北へ水がながれてゆく。農業につかわれる用水用運河なのだ。

「かんがえときまっさ」

京都のひとと東京のひとが交渉ごとにはいると、よく誤解をまねくいいかたがある。わたしなども、しょっちゅうまちがいがおこってこまっている。その例をいくつかあげてみよう。

東京側から提案がおこなわれる。それに対して京都のひとが、気にいらん、同意しがたいときに、それを「だめです」とは絶対にいわない。交渉ごとなので、否定したらすべてがおしまいになる。それを回避するために、京都にはいろいろないいかたがくふうされ用意されている。「かんがえときまっさ」、これなどは代表的なもので、その場で否定的な結論をださずに、考慮するというかたちで否定する。それを東京のひとは「ほんとうにかんがえてくれる」とおもいこむ。これはことわりの返事なのだ。

「おもしろおすな」といういいかたも地方のひとには注意を要するだろう。これで京都のひとが興味をしめしてのりだしてくれるとおもってはならない。ことがらとしておもしろいかもしれないが、わたしは興味ありません、という意味なのだ。それを「おもしろおすな」と表現する。

会合出席の場合でも、京都のひとが「日があえばまあ出ますわ」といったら、出席しないということを前提にしているとかんがえなければならない。

このような、一種の断言をさける交渉術というのが京都では発達している。一二〇〇年にもおよぶ都市生活のなかで、否定的な断言をさけながら話をすすめる交渉ごとの会話が京都では発達したのである。この点をかんがえながら、京都人のはなしかたをよみとる必要があるだろう。

祇園小唄

京都の市内には民謡といわれるものがない。わらべ唄《うた》ならたくさんある。

やはり民謡というのは、そもそも田うえ唄のように農村労働の唄であるから、京都に民謡がないのはあたりまえである。労働歌というものは京都には存在しないということだろう。西陣《にしじん》は大工業地帯ではあるけれども、機《はた》をおりながら唄をうたうという習慣はなかった。

京都の唄というと、京都の民謡の代表のようにみな「祇園小唄《ぎおんこうた》」をいうけれども、あれはごくあたらしいもので、詩人長田幹彦《ながたみきひこ》が、一九三〇（昭和五）年につくった唄である。他郷のひとが京都にあそんでつくった唄だという意味では、「かにかくに、祇園は恋し云々《うんぬん》」という吉井勇《いさむ》の和歌に類するものであって、「祇園小唄」はそれと同様に京都市民の唄ではない。頼山陽《らいさんよう》などが京都に遊学して、いろいろ詩をつくったりしたのと同様のものであろう。よい唄ではあるが、市民的感覚からいうと、やはり違和感がつきまとう。

京極

地方のどこの都市にも、もっとも繁華な場所を何々銀座と称する習慣があるようだ。ところが京都には何々銀座と称するところは一カ所もない。京都では商店のつらなる繁華な場所を、何々京極《きょうごく》と称する。これは新京極がモデルになっているからである。京極ということばは京の端、きわみをしめすものではなくなって、現在ではアーケードでおおわれた商店街の代用名詞となっている。たとえば西陣《にしじん》には西陣京極というものがある。銀座と名のらず、何々京極と名のるのは、「東京のイミテーションはつくらない」というほど、きおいたった気もちではないとおもうが、「東京の銀座を、なんで京都にもってこんならんのか」という気もちは、京都のひとにはあるであろう。ただ、四条大宮《しじょうおおみや》の商店街が一時期、京都新宿商店街という名をつけたことがある。四条河原町《かわらまち》に対して、四条大宮を副都心みたいなつもりで名づけたのであろう。しかし、京都では相手にされず、とっくにきえてしまった。京都で、東京になぞらえて命名して成功したという例をわたしはしらない。

京都一中

京都一中は、京都府立京都第一中学校の略称である。明治のはじめに創立された学校で、ずっとむかしには日本第一中学校ともよばれていた。日本でいちばんはやくできた中学校である。今日、洛北《らくほく》高等学校にひきつがれている。

京都一中はふしぎな学校で、ライバル校と目していたのは、東京府立一中や大阪の北野中学などではなく、イギリスのパブリック・スクールの、イートン校、ラグビー校であった。最初から日本のスケールから逸脱したところがこの学校にはあったのだ。その成果は、現実にあがってきたようにおもわれる。おそらく京都一中は、全国の旧制中学のなかで、博士や大学教授の出身率が群をぬく結果をもたらしている。文化人、学者、知識人の大量生産の学校だったのだ。その頂点にノーベル賞受賞者が続出する。ただし、軍人と政治家はほとんどでていない。

京都学派

京都の知識人は、東京経由でものごとをかんがえる習慣をもっていない。いつでも世界と自分を直結して思考するところがあるようにおもう。そこから、なにごとによらず、権力の都市、東京とはちがった発想と学問がうまれた。戦前の哲学者、西田幾多郎《きたろう》、田辺元《たなべはじめ》の活動などはその端的な例であろう。こうした学問的姿勢をもった京都の学者たちは、「京都学派」とよばれていた。

戦後になると、そうした伝統をひきながら、京都にもあたらしいながれができた。京都大学人文科学研究所の今西錦司《きんじ》、桑原武夫らを中心とする、専門をこえた研究が発展した。これらのながれを、「新京都学派」とよぶこともある。日本の都市でひとつの「学派」と総称される知識人集団が成立しうるのは、京都だけであろう。

また、京都の知識人は横の連絡がよいことでも、他都市とのちがいをきわだたせている。専門や学校の枠をこえて知識人どうしがつながり、人的にも知的にも交流があるのが京都知識人の特徴である。これは、京都が都市として適当な規模であり、ひとが活動しやすい空間に集住していることも、物理的条件として影響しているであろう。

京都と京

京都というよび名は江戸時代からあるけれども、もともとは「京」の一文字でキョウといいならわしていた。その「京」の位置は山城《やましろ》盆地のどのあたりにあったのか。だいたい平安京というのは鴨川《かもがわ》から西に造営された都であった。では鴨川の東はなにであったのかというと、いまの岡崎あたりは、むかし白河といった。白川という清流が東山の丘を西南にむかってながれくだっていたので、そうよばれたのだ。その川の上流が北白川になる。

京都と白河のあいだには、微妙な意識の断絶がある。現在、北白川は住宅街であるが、もともとは愛宕《おたぎ》郡北白川村であった。そこにすむ人たちは、いまでも鴨川をわたって西にゆくことを、「京いく」という。「京都へゆく」の意味である。自分たちのすむ地は京ではないという意識をもちつづけている。

明治の二〇年代から鴨川の東、鴨東《おうとう》地区、現在の岡崎から吉田にかけての地域が開発されて、文教地区としてあたらしく京都に組みこまれていった。吉田には三高と京大、岡崎には美術館や図書館などがたてられて面目を一新した。おもしろいことに、本来は京ではない岡崎の地に、京都を守護する神社、平安神宮が一八九五（明治二八）年に建立された。歴史の皮肉というべきであろうか。

京の東西のきわみを、京極《きょうごく》とよんでいる。時代によって京の範囲がちがっていて、すこしずつずれているようだが、江戸時代の東のきわみは秀吉のつくった寺町通で、それで明治になって寺町のすぐ東につけた道を新京極とよんだ。西は西京極球場のあるあたりが、京の西のきわみというわけだ。

公　家

公家《くげ》は、律令体制の官僚として成立した。律令制国家における、いわば国家公務員である。

日本は一三世紀に、律令国家から封建国家へ大転換した。いちおうそういわれるけれども、京都だけは律令体制のままつづいた。律令国家の官僚群としての公家が京都にすんで明治維新までかわらなかった。その意味で、京都は日本の一般的な歴史のながれとはちがった経験をもつ。

まして京都は、律令国家をささえる官僚群の官位を発給する場所であり、お公家さんが武士・大名に対して、擬似官僚群として伊豆守《いずのかみ》とか若狭守《わかさのかみ》とかの辞令をさずける。そして従五位下《じゅごいのげ》とか、従三位《じゅさんみ》とかの位を武家に対してあたえた。すべての武家は実質は封建官僚でありながら、擬似律令官僚でもあった。それをとりしきっていたのが京都のお公家さんである。京都のお公家は家によってそれぞれ免許証発行権をもって、武士に位をさずけながら自分の地位をたもっていた。じっさいは武家政治であるけれども、表看板は律令制がつづいている。それが一九世紀の明治までかわらなかった。

車石

三条蹴上《けあげ》から山科《やましな》へこえてゆく峠の途中の石垣に、車石《くるまいし》というのがはめこまれている。それは、花崗岩《かこうがん》でつくった軌道敷のレールのなごりである。

むかし、京都と大津をむすぶ東海道に、日本最初の軌道がしかれていた。石づくりの軌道である。それは同時に、日本最初の舗装道路でもあった。

北陸からコメが大津へつく。大津からは京都までコメを牛車ではこんでいた。車石は、その牛車用の軌道なのである。日本最初の軌道だという。軌道ゲージは厳密にさだめられていて、牛車にあわせてあった。ウシは車をひいてそこをすすんだ。坂道になると、ウシのために、石の階段がつけてあり、ウシは石に足をふんばってのぼっていった。車石は東山をこえるところと、逢坂山《おうさかやま》をこえるところにあったようだ。

では、三条通を西にすすんで三条の橋はどうしたのであろうか。三条大橋はふるい橋ではあるけれども、木橋で、車がうえをわたることは禁じられていた。じつは牛車は川のなかをじゃぶじゃぶわたっていたのである。牛車をとおすために三条大橋の下手《しもて》の川床には軌道敷があり、そのうえを牛は車のわだちをあわせて川を横ぎっていた。こうして、大都市、京都の物資ははこばれていた。

国際会議場

岩倉盆地の南に宝ヶ池という農業用の池がある。その北側に忽然《こつぜん》と京都国際会議場ができた。一九六六（昭和四一）年のこと。目のまえにひろい池はあるし、比叡山《ひえいざん》も眺望できる風光明媚《ふうこうめいび》な場所に会議場はたっている。内部の設備も国際会議にじゅうぶんにつかえるもので、ひじょうによい会議場といえよう。東京大学の大谷幸夫《さちお》というひとの設計である。

外観をみると、合掌づくりのような、ななめの線が強調された建築になっていて、その意味で古来の日本家屋の原型の感覚をとりいれて、日本の伝統を象徴しているようでもある。しかし、京都人からみると、見かたがことなる。あの外観デザインは京都的なものではない。

京都といえば伝統、伝統といえばどこかで農村的イメージとむすびつけられることがおおいが、京都の伝統とはかさならない。京都の伝統とは都市的な伝統であって、農村ふう合掌づくりを京都のなかにおいて、京都らしいというのは錯覚としかいいようがない。ざんねんながら、国際会議場の外観は、農村の伝統を芸術化した民芸ふうデザインを京都の都市的伝統のなかにおいたという感をまぬがれない。内部設備がよいだけに、その点がざんねんにおもえるのである。

御所

京都の市街のまんなかに広大な緑地がある。それが京都御苑《ぎょえん》である。市民は単に「御所」とよぶ。大部分は市民に開放されていて、白砂青松《はくしゃせいしょう》、芝生にマツがうわっている。道にはしろい玉砂利がしいてある。現在は宮内庁京都事務所の管轄になっている。御苑のなかに大宮《おおみや》御所、仙洞《せんとう》御所があって皇室のかたが京都にこられると、そこにおとまりになる。そこはもちろん公開されていない。皇室の財産なのである。

ところで紫宸殿《ししんでん》や小御所《こごしょ》などを別として、そのほかの現在緑地になっている広大な部分には、明治維新までは公家《くげ》屋敷がならんでいた。それが、天皇が東京に行幸《ぎょうこう》されて、一族、公家のかたがたも東京にうつってしまい、公家屋敷は空家になってあれてしまった。そこで屋敷をとりはらって公園にしたのである。御苑にうわっているマツやサクラなどの大木のおおくは、もとから公家屋敷の庭にうわっていたものだし、神社や、池、井戸が御苑内に点在しているのもそのなごりなのである。御苑の入口にある蛤御門《はまぐりごもん》とか堺町御門《さかいまちごもん》とかいう門も、すこし位置を外側にうつして、むかしのままたっている。

古都

古都といえば、これは、川端康成の作品をすぐおもいだす（註）。これの背景を説明すると、ふた子の娘が主役になって、ひとりは京都の町家《まちや》の娘としてそだつ。もうひとりは北山そだち。小説のなかの北山は北山丸太の産地である。周山《しゅうざん》街道を京都からゆくと、周山の手まえ、小野《おの》郷《ごう》、中郷《なかごう》、細野、あのあたり一帯が北山丸太の大産地である。そこにひとりの娘が里子にだされている。

スギが根元から何本もわかれてまっすぐにのびて、林業が園芸のようになっている。そこをひとつの舞台に小説『古都』は展開する。

ところで問題は、京都の、登山家たちが北山というときには、あのあたりのことをさすのではない、ということである。京都盆地から真北にみえる鞍馬《くらま》、花背《はなせ》の方角、京都盆地の北辺をかぎる山やま、そこをこえると大堰川《おおいがわ》源流にでるが、そのあたりを北山といっている。だから北山にはふたつ意味がある。大堰川源流の北山と、北山丸太の産地をふくむ洛外《らくがい》の北の地域。川端康成の『古都』は後者である。

もうひとつ、べつの問題が川端の小説にはある。『古都』という小説は、京都の人間にいわせると、「古都よばわりは片腹いたい」、古都よばわりしてほしくないということがある。京都は古都ではないという意識が京都人にはある。京都はいま生きている都であり、古都保存法の適用など、とんでもないという感じがある。奈良や鎌倉といっしょにされてはたまらない。京都は近代都市なのだ。じじつ、中世以来の一大商工業都市でもある。その意味で、川端康成の『古都』という小説には異議あり、ということになる。

（註）川端康成（著）『古都』一九六二年六月　新潮社

侍

京都は基本的に宮廷貴族と町人の都市であった。ほんのひとにぎりの宮廷貴族が、天皇家をかこんで御所とその周辺に集住していた。

ところで、京都にもごく少数の武家がいた。それは江戸幕府から派遣された侍《さむらい》で、京都所司代《しょしだい》に属していた。宮廷の動向を監視する役目をもった侍である。そのほかにあまりしられていないけれども、御所につかえる御所侍がいて、宮廷や公家《くげ》の警備役をつとめていた。また有力な寺も寺侍をかかえていた。しかしかれらはごく少数で、人数からみれば町人が圧倒的多数であって、京都は町人の都市といっても過言ではない。

武家がほとんどいない都市は、日本では例外的な存在であった。この状態が江戸時代のあいだつづいたのである。そしてかれら、町人が一七世紀に町衆として成長し、自治意識をたかめ、近世の日本ではまれな、三〇万人もの人口をかかえる自治都市の性格を保持しつづけたのである。

山陰・北陸と京

大阪から京都へ移動すると、天王山《てんのうざん》あたりで天候がかわることがおおい。とくに冬は天王山をこえると日ざしまでがかわる。陽光サンサンとふりそそいでいた天気も大阪府三島《みしま》郡の島本町《しまもと》までで、京都府の山崎にはいると冬は雪雲でおおわれたくらい空にかわり、ときには雪がちらつく。瀬戸内気候から日本海気候にはいったという実感がわく。

京都は山陰・北陸と文化的につながりがふかい。たとえば現在の交通システムからいっても、山陰線はもちろん京都が始発駅。湖西線《こせいせん》は京都からはじまって、福井県へぬけている。

産業的にも西陣《にしじん》の機業地帯は丹後《たんご》を背景にしているし、越前《えちぜん》の縮緬《ちりめん》とか加賀の加賀友禅《ゆうぜん》なども京都とつながっている。だいたい京都は、山陰・北陸とのつながりがふかいのである。北陸からきた物資は琵琶湖の北で船につみ、まっすぐ琵琶湖を南下して、大津から荷車で京都へはこびこんだ。

京都の町家の奉公人たちには近江《おうみ》、若狭《わかさ》や丹波《たんば》のひとがひじょうにたくさんいた。他方、大阪は南海である。大阪人のおおくが、紀州、岡山、香川、徳島といった大阪湾沿岸、瀬戸内のほうからやってくる人びとである。

京都と大阪ではひとの出身からしてちがうのだ。文化的背景がちがう。そこのところを心えておく必要がある。京阪《けいはん》というかたちでいっしょにかんがえたら、まちがうことがおおい。

山紫水明

京都をおとずれるひとはみな、京都は山紫水明《さんしすいめい》の都とかんがえている。江戸時代、大阪うまれの儒学者、頼山陽が鴨川《かもがわ》のほとり東山をのぞむ地に庵《いおり》をむすび、「山紫水明処《さんしすいめいのところ》」と名づけて閑居したこともあってか、京都の清浄さが、もともとそうであったようにおもいこんでいる。しかしそれはたいへんなおもいちがいである。

京都の町の清浄さは、ここ三、四十年ほどのことといってよいであろう。京都周辺の山は室町時代の末期には丸坊主であったといわれ、以後数世紀にわたる保護育成で現在の姿になった。川はつい二、三十年まえまでは染物の糊《のり》おとしに、堀川はもちろん鴨川もつかっていたから、川の水はなんとも奇妙な色にそまっていた。京都は工業都市でもあって、いまでいう工場廃液で川は汚濁していたのだ。

川の水がすみだしたのは、糊おとしに水道水をつかうようになったのと、行政や住民による永年の浄化運動のたまものなのである。じっさい、鴨川には、水量のへる冬になるとブルドーザーがはいり、川床をならしているのである。その成果が、現在ではアユが大都会の中心をながれる鴨川でつれるという、世界でもまれなきよらかなながれをもたらした。

地蔵盆

これは京都の子どものお祭である。京都の各町にはどこかにかならずお地蔵さんがまつってある。道端に、あるいは露地の奥に、または裏店《うらだな》や、裏庭にと、町にかならずひとつはちいさな地蔵堂があって、水やおそなえが毎日たえない。八月二二日から二日間、地蔵盆はおこなわれる。

この行事は町内にとっても初秋の重要な行事で、相互不介入主義をとる京都市民も、この日ばかりは、子どものために場所を開放し、さまざまなもよおしをおこなう。地蔵さんにはおそなえがあげられ、提灯《ちょうちん》がつるされて、子どもたちはそこにあつまり、二日間こころゆくまであそぶのである。親たちも手がすいているものはあつまり、世間話をしながら子どもたちをみまもっている。町内ごとに福びきがあり、金魚すくいがあったり、宝さがしがあったり、子どもにとっては、親たちが用意してくれた公認のあそびの日で、たのしくてならない日である。親たちとしても、どうすれば子どもたちをたのしませることができるか、それぞれ知恵をしぼる。二日目の夕がた、子どもたちは地蔵さんのまえに車座《くるまざ》にすわり、おおきな数珠を手にして、「なんまみだぶつ」ととなえながら数珠まわしをして行事はおわる。

このように地蔵盆は、江戸時代からつづく京都独自の子どもの日である。この行事は現在もおとろえるどころか、ますます隆盛にむかっている。

京都の郊外地の新興住宅地には、地蔵のない町がおおいが、子どもたちの要望に親たちもおれて、壬生寺《みぶでら》から地蔵を借用し、地蔵盆をとりおこなっているのである。地蔵盆がおわったあと、親たちはうちつれて行楽にでる。これを「足あらい」という。

市電

京都では一九七八年に市電が全廃された。一八九五（明治二八）年、日本ではじめての市街電車が京都で誕生して八三年、ながきにわたって市民の足としてしたしまれた京都の市電の歴史も幕をとじた。わたしはその廃止を記念してくばられた金メッキのレールを所有している。

市電廃止が論じられていた当時、廃止反対の運動もずいぶんあった。たしかに市電は市民の足として大動脈であったし、排気ガスもださない便利な交通機関であった。しかし市電はやかましい存在でもあった。停留所どうしがとおいところでは、市電は猛スピードで疾走して、電車道にすむひとにとっては、騒音のもとでもあった。家につたわる振動になやまされもした。そうした事情もからまって市電はきえていった。

市電にはむかし、京電とよぶ路線があった。北野から京都駅までをむすぶ北野線をそうよんでいたのだが、この線は、じつは一八九五年に誕生した日本最初の市街電車のなごりであった。京都電気鉄道会社が敷設した路線で、せまい軌道のうえをちいさな電車がはしっていた。それを京電とよんでいたのである。一九一二年に京都市営電車がはしりだし、京電は競争にやぶれて吸収されてしまった。ただその後も京電の狭軌の線路はのこり、一部の区間（四条通西洞院《にしのとういん》―四条通堀川間）では狭軌・広軌の電車がおなじ線をはしれるようにレールが三本になっていた。

十三まいり

京都には七五三という風習はない。戦後は神社とデパートなどの宣伝にのせられて、七五三をいうひともでてきたが、それは関東方面からの移住者目あての、商業上の戦略からはじまったのであろう。

七五三といえば、男児は三歳と五歳、女児は三歳と七歳に、着かざって神社にもうでるらしいが、京都ではその風習はない。破魔矢《はまや》、千歳飴《ちとせあめ》もみかけない。

京都の子どもの通過儀礼は、生後三〇日前後のお宮まいりからはじまる。これは全国的な風習のようである。女児には三つまいりという風習があった。京都に特徴的なのは、十《じゅう》三《さん》まいりである。男女とも満一三歳の春、嵐山《あらしやま》の法輪寺《ほうりんじ》、虚空蔵菩薩《こくぞうぼさつ》におまいりする。ここで知恵をさずかるという。かえりには渡月橋《とげつきょう》をわたってかえるのだが、わたりきるまでにふりかえってはいけない。せっかくさずかった知恵をかえしてしまうことになるという。

将軍塚

東山《ひがしやま》に将軍塚というところがある。それは東山三十六峰《さんじゅうろっぽう》のひとつ、華頂山《かちょうざん》の頂上にあって、これを将軍塚とよぶ。ここにたつと、京都の南半分が一望のもとに見わたせる。とくに夜景がすばらしい。たてよこ十文字の、整然たる京都市街の電灯の光の筋がきれいにみえて、すばらしい展望である。

この将軍塚の将軍とはだれのことか。話はたちまち平安時代初期までさかのぼる。この塚はあの坂上田村麻呂《さかのうえのたむらまろ》将軍の墓だといわれている。田村麻呂は征夷大将軍《せいいたいしょうぐん》の元祖だ。辺境平定の将軍となり、京都から派遣されて、東北に遠征する。その田村麻呂が、みずから王城の鎮護たらんと遺言してここにほうむられたという。将軍塚の名のゆえんである。

人口

大都市の定着意識の調査はくりかえしおこなわれているけれども、この都市にずっとすみつづけていたいという意識は、日本の大都市のなかで京都がいちばんたかい。京都にすんだひとは、居ごこちがよくて、もうここでよろしいとおもっている。

むかしから京都にいるというひとの率もたかい。しかも停滞した市民かというと、けっしてそうではない。京都はむかしからおびただしい流入人口をむかえた都市であった。戦後は、やけなかったということもあって、より大量の流入人口をむかえた。そのわりに人口の激増はないけれども、しかし周辺部で激増している。京都市は、現在人口百四十数万。*さらに周辺部に人口がながれだし、おおきなひとつの大都市形成がおこなわれている。

大阪のひとは京都についてよく誤解をしていることがある。たしかに大阪にくらべたら人口がはるかにすくない。そこで、大阪のひとはしばしば京都を大大阪の衛星都市のひとつ、あるいは大阪の奥座敷ぐらいにかんがえている。それはまちがいである。京都と大阪のあいだにはひじょうにふかい断絶がある。

京都が大阪の衛星都市ではないというひとつのあらわれとして、京都は京都独自の買物圏を確保していることがあげられよう。淀川《よどがわ》右岸では、高槻《たかつき》から南のひとは大阪へでる。それから北のひとは京都へでる。淀川左岸でいえば、だいたい枚方《ひらかた》が境になる。べつの例が通勤圏である。東海道の江州《ごうしゅう》は近江《おうみ》八幡《はちまん》あたりまで京都の通勤圏である。山陰線は亀岡《かめおか》、園部《そのべ》あたりから京都へかよってくるひとがずいぶんある。

京都はそれ自身、経済・政治・文化の中心であって、大阪の衛星都市ではさらさらない。べつの都市なのである。

おなじことのべつのあらわれであるが、京都は京都で大都市特有のドーナツ化現象があらわれている。都心部の人口がしだいに減少し、周辺部がふくれあがって、亀岡、宇治、城陽《じょうよう》などの周辺の諸都市が、ひじょうに膨大な人口をかかえるようになって、大京都圏を形成しつつある。大阪とは別個の都市圏を京都はもっているのである。

＊二〇〇五年七月一日現在、人口一四七万人。

神泉苑

二条城の南に神泉苑《しんせんえん》という庭園がある。市民は「ひぜんさん」とよんでいた。都市の中心にありながら、いまだに清水がわき、中島には善女竜王《ぜんにょ》をまつってある。平安京造営時に、唐の禁苑にならって造営された朝廷の禁苑だという。旱魃《かんばつ》のときには、神泉苑で雨ごいの行もおこなわれていた。この泉は、どんな日でりでもかれたことがないのだという。それにあやかっての雨ごいのいのりである。地理的には、平安京造営以前の京都盆地に散在していた湿地帯のなごりだという。

この神泉苑のそばで日本画家、徳岡神泉がうまれ、戦後、文化勲章を受章した。おなじ京都うまれの洋画家、梅原龍三郎と親交があった。

スキー場

いま京都のスキー場は比叡山《ひえいざん》だけしかない。このスキー場は四明《しめい》ヶ岳《だけ》の北面にあり、せまいけれども人工雪造機をそなえているので、冬には比較的いつでも利用できる。夜間照明もあり、ケーブル・カーを利用して、つとめがおわったあとでも、じゅうぶんにスキーをたのしめる。

スキーは京都では昭和初期から人気のスポーツだった。町なかをスキーをかついである く姿はすこしもめずらしいものではなかった。京都はスキーの先進地域であり、スキー人口は大都市のなかでも群をぬいていた。これは日本におけるスキーの元祖、中山再次郎《さいじろう》が京都二中の校長だったことも一因であろう。もともと京都市民には、夏に避暑にゆく習慣がなく、冬にスキーにでかける風習が根づいていた。

利用されていたスキー場は、比叡のほかにまず貴船《きふね》、貴船神社の西側にあった。それから花背《はなせ》、ここは峠のしたまでバスでいって、あるいて峠をこえなければならなかったが、雪質がよいのでよろこばれた。愛宕山《あたごやま》にもスキー場があった。愛宕神社の裏の、ひろい起伏のおおいスキー場だった。愛宕スキー場から西北にいったところに地蔵山があり、その横に越畑《こしはた》スキー場というのもあった。

このように京都には、ちかくにいくつもスキー場があった。しかしいまは全部閉鎖されてしまっている。ひとつは、戦争中に愛宕山のようにケーブルがはずされてなくなった、ということもあるが、戦後、交通が発達して、マキノ、箱館山《はこだてやま》、比良《ひら》など北琵琶湖《きたびわこ》のスキー場にらくにゆけるようになったことがおおきい。信州にも、ごくかんたんにゆけてしまう。それで現在、京都のスキー場は比叡山だけになったのだ。

スポーツ

京都はスキーだけでなく、スポーツ全般がさかんな都会である。じつにいろいろのスポーツが明治期に京都からひろまった。

三高を中心に、京都の中学校、女学校はとくに熱心であった。とりわけ日本の女子スポーツは京都からはじまるといえるほどである。昭和はじめのロサンゼルス・オリンピックに、京都府立第一高女の土倉《どぐら》麻さんが短距離選手として出場したほどなのである。この伝統を受けついで、女子サッカーをはじめ女子のスポーツは現在でもさかんである。

野球については、第一回全国中等学校優勝野球大会の優勝校は京都二中であったし、戦前にベーブ・ルースを豪速球で三振にうちとった沢村栄治投手は京都商業の出身である。一九八四年に日本プロ野球五〇周年記念切手が発行されたが、それにえがかれている投手は沢村だという。

こうした伝統や、戦争被害のすくなさもあって、一九四六年に第一回国民体育大会が京都でおこなわれた。

舎密局

明治になると、京都はいちはやく近代化にとりくむ。そのひとつの拠点が一八七〇（明治三）年に設立された舎密局《セイミきょく》であった。舎密局とは、理化学校・研究所であった。自然科学を専門とする、日本最初の高等学術機関である。じつはこの舎密局は、最初、大阪で政府の研究設備として開設されたものだった。じっさい、現在の大阪府庁のよこに舎密局跡のおおきな碑がたっている。ところが舎密局は、京都にひっこしてきて、管理も京都府にうつされた。もとの銅駝《どうだ》小学校（現在の銅駝美術工芸高校）の場所で化学物理の実験・講習にとりくみ、京都の近代化におおきな役わりをはたすことになった。舎密とはオランダ語のChemie（化学）のあて字である。

こうした舎密局の活動が実績となって、京都一中、三高の基盤ができていったのだ。舎密局の一件書類は、三高をへて、現在、京都大学教養部図書館に保管されている。

接客芸術

京都は芝居・映画そのほか芸能の都であるが、特筆しなければならないことは、接客芸術がさかんなことである。お客をもてなす芸術家が京都に集中している。茶道、華道をはじめとして、京都にある家元の数はたいへんなものだろう。お茶だけでも裏千家、表千家、武者小路千家《むしゃのこうじせんけ》の三千家に、藪内流《やぶのうちりゅう》がある。煎茶道《せんちゃどう》もさかんだ。

お花もおおい。池坊《いけのぼう》からはじまって、嵯峨未生流《さがみしょうりゅう》、桑原専慶流《せんけいりゅう》など、京都には約三〇もの華道流派の家元があるという。唄《うた》、舞踊などかぞえはじめたらきりがあるまい。

江戸時代の遊廓《ゆうかく》のながれをひいて、現在の京都の待合とか遊興施設もひじょうに洗練されている。その接客技術は、これはもう芸術といってよい。席で演じられる唄やおどりはいうにおよばず、接客の仕かたは精緻《せいち》をきわめている。客はそれを心ゆくまで味わう。そうしたところから、じっさいに祇園《ぎおん》の京舞《きょうまい》の師匠、井上八千代さんのような自他ともにみとめる大芸術家がでてくるわけだ。地方の接客業のありようとは質がちがう。

こうした接客芸術は、分類からいうと上演芸術の一種、芸能にはいる。パフォーミング・アーツの一種とみるべきものであろう。

疏水

京都の近代は、天皇の東京行幸《ぎょうこう》、人口の大量流出、株仲間廃止に代表される産業的独占崩壊といった、都市機能の衰退の危機のかたちではじまった。これらの問題にとりくむことで京都の近代化がなしとげられたといっても過言ではない。

全国にさきがけた小学校の開校、舎密局《セイミきょく》の設立、勧業場の開設、織物留学生のヨーロッパ派遣など、めざましい近代化策が維新後数年のうちになされ、以後の京都発展の道すじをつけたのである。

こうした成果をもとに京都は産業革命を準備する。まずエネルギー革命である。琵琶湖から運河で水を京都にひく計画は、江戸期から構想されていたが、第三代京都府知事となった北垣国道《くにみち》はこの大事業を実行にうつした。東京の工科大学校を卒業したばかりの青年、田辺朔郎《たなべさくお》を主任技師とし、琵琶湖疏水《そすい》は建設される。当初の目的は運河開削による水運と用水確保であったが、工事中にアメリカで水力発電が成功するや、ただちに導入をきめ、日本では最初の、世界では二番目の水力発電所が京都蹴上《けあげ》に建設された。こうして京都は日本の水力発電誕生の地の栄光を手にした。と同時に、明治中期以降の産業発展を容易にしたのである。一八九五（明治二八）年には市街電車がはしり、工場動力に電力が導入されてゆく。くわえて、疏水は、大都市がつねにかかえる大問題である水不足を解決した。京都の上水道は明治末年に実現するが、琵琶湖疏水があったればこその水道であった。以後、今日まで京都は一ども水不足になやんだことがない。

明治初期の京都の先進性は、古都として歴史のなかに埋没する危機をのりこえ、一大商工業都市としての京都に発展させているのである。

大文字

盂蘭盆会《うらぼんえ》におこなわれる京都の行事である。八月一六日の夜八時になると、京都をかこむ山やまで、東の如意《によい》ケ岳《たけ》の「大文字《だいもんじ》」から点火され、東北の松ケ崎に「妙法」、北の船《ふな》山《やま》に「船形」、西北の衣笠山《きぬがさやま》にちかい大文字山に「左大文字」、西の嵯峨《さが》野《の》鳥居《とりい》本《もと》に「鳥居形」と、つぎつぎと火がともされてゆく。それぞれ山の中腹に火床がならんでいて、山のふもと集落の人びとの奉仕によって薪木《たきぎ》が用意され、はこばれ、組みあげられて、精霊《しょうりょう》をおくるために点火されるのだ。室町期にはじまった行事とされ、今日までほとんどたえることなくつづけられてきた伝統的な宗教行事である。

大文字はそれぞれ、いわれのある形で夏の夜空をてらすが、とくに如意ヶ岳の大文字は、その筆勢がりっぱなところから弘法《こうぼう》大師の筆になると京都のひとには信じられ、左大文字はおなじ「大」の字ではあるが、如意ヶ岳の大文字を反転させた鏡文字になっている。

この行事を「大文字焼」などとかいたものをみかけるが、無知もきわまれりというほかはない。「……焼」といういいかたは、タコ焼、チョボ焼、今川焼にしかもちいず、京都ではおそろしく野卑にきこえる。大文字のような都雅な行事には、まるでそぐわぬよびかたなのである。もし気どっていうなら「盆のおくり火」というべきであろうが、日常語としては大の字ほかすべてをひっくるめて「だいもんじ」とよぶ。

だいいち、大文字は「やく」ものではない。大文字は「ともす」もの、京ことばでいえば「とぼす」ものなのである。灯をともすように、夜空にむけてともすのである。大文字に点火されて、あかあかと火がもえあがると、京都の子どもたちは口ぐちにはやしたてる。

〽とーぼった、とぼった
　大文字が、とーぼった

大文字は、やはり「とぼる」のである。

中堅企業

京都には巨大企業はない。しかし中堅企業というひじょうに特色ある企業がたくさんある。比較的小規模だが、ローカルを相手とする企業ではなく、あつかう業種では全国マーケットにおけるシェアがおおきく、国際的にも進出している会社が京都にはおおい。京セラ、立石電機、堀場製作所、ワコールといった企業である。これらはだいたい技術集約型の企業だ。これは全国的にもめずらしい、京都特有の現象である。

それは、明治以後、京都において独自に近代化にとりくんだ伝統からくる技術開発の先進性、古代から現代にまでつづく工芸都市としての蓄積、技術をささえる工員のレベルのたかさなどがあわさって、京都の中堅企業は高度な技術による商品をうみだしているのである。

こうした条件は、新興の都市はもとより、大阪、東京などの大都市でも容易にとってかわることのできない、京都という都市がもつ特異な性格である。

通称寺

京都の名刹《めいさつ》には正式の名称とちがうよび名でよばれる寺がかなりある。たとえば東寺《とうじ》、これは京都人でもしらないひとがおおいけれども、ただしくは教王護国寺《きょうおうごこくじ》という。金閣寺、こちらは北山鹿苑寺《ろくおんじ》、銀閣寺は慈照寺《じしょうじ》、三十三間堂は蓮華王院《れんげおういん》、苔寺《こけでら》は西芳寺《さいほうじ》がただしいよび名である。ほかに黒谷《くろだに》（金戒光明寺《こんかいこうみょうじ》）、猫寺《ねこでら》（称念寺）とか人形寺《にんぎょうでら》（宝鏡寺《ほうきょうじ》）とか、いろいろの通称でよばれる寺はおおい。これは京都の日常生活と寺が、わかちがたくむすびついていたという証明でもある。京都での日常会話では、正式名ではよばれず、すべて通称名でよばれている。

哲学の小径

東山《ひがしやま》にそって若王子《にゃこうじ》から銀閣寺にいたる、疏水ぞいの道が「哲学の小径《こみち》」とよばれている。哲学者の散歩道というほどの意味であろうか。戦前の京都の哲学者、西田幾多郎《きたろう》のすまいがちかくにあり、かれがよく散歩していたので、のちにこう名づけられたともいう。春にはサクラがさきほこり、散歩道としては絶好である。

ところでこの「哲学の小径」について、他郷のひとが「京都人はなんとセンスのない地名のつけかたをするのか」とあざけったことがある。

しかし、それはちとちがうのではないか。京都人がこの種の俗っぽい地名のつけかたをした例は、皆無である。この地名は、他郷から京都に遊学していた学生かだれかが名づけたにちがいない。京都人の感覚とは肌があわない命名法だからである。

もともとこれは、ドイツのハイデルベルクにあるフィロズォーフェンヴェーク（哲学者の小径）をまねたもので、ハイデルベルクの古城にたつと、ネッカー川の対岸についている道のことである。そのようなヨーロッパの地方都市の地名に、京都をなぞらえるというかんがえは、おおよそ京都のひとにはない。銀座さえ拒否したように、よそはよそ、京都は京都というのが、この都市のやりかたなのだ。

ハイデルベルクといえば、こういうこともあった。他郷から京都大学にまなんでいた学生たちが、卒業記念にマイアー＝フェルスターの劇『アルト・ハイデルベルク』を上演したことがある。

ご承知のように、ドイツのある小国の王子がハイデルベルクにまなび、そこでロマンスを経験するという内容であるが、それを京大在学の自分の体験とダブらせて演じたのである。

しかし、これは京都のひとからみれば、感覚がずれている。この劇の話は、日本でいえば、小藩の若殿さまが自藩に藩校がないため隣国の藩校にまなび、そこで居酒屋の娘に恋をした、というだけの話だ。わたしもハイデルベルクにいって、この学生酒場、赤牛亭（ローテン・オクセン）をみてしっているが、ただのいなか町の居酒屋である。京都の料亭などとはくらべるべくもなかった。

京都はハイデルベルクではない。花の都である。ベルリンやパリにまなんでというならまだしも、いなかの小大学都市に京都をなぞらえるなどという感覚は、京都人には理解できないのだ。

寺

　京都にはたくさんのお寺がある。観光寺院もあればそうでない寺もある。ところで、地方のひとは、これらの寺を京都市民がささえているとおもっている。だが、事実はそうではない。京都のおおきな寺はほとんどが各宗派の本山である。ということは、末寺を各地にもっていて、そこからのあがりで京都の寺がなりたっていることをしめしている。そのところをまちがうと、たいへんぐあいがわるい。それはちょうどお茶やお花の家元のような性格のものなのである。本山が京都にあるだけであって、京都の市民がそれをささえているのとはちがう。

　それは西陣《にしじん》だっておなじである。西陣織は全国マーケットの産業であって、京都の市民が消費するのではない。これは現代企業にいたるまで同様で、中堅企業、たとえば京セラとか、立石電機とか、ワコールとか、こうした企業はすべて全国企業である。巨大企業ではないかもしれないが、ローカル企業ではない。

　おなじように、京都の大学や文化学術組織もローカルなものではない。京都大学は当然のこととして、京都市立芸術大学も京都の学生を相手にしているのではなく、全国大学である。京都市は他郷からの学生のために多額の経費を負担している。こうした現実は、京都の宿命みたいなもので、京都にローカルはないということだ。京都でなされる行為のほとんどすべて、首都的な役わりをになわされている。

東西南北

京都の街路は整然と碁盤目になっているとは、よくしられているとおりである。南北通と東西通が直角に交差してひじょうにわかりやすい。京都市民の地理感覚は、この東西南北の座標軸で構成されている。

それで、京都のひとが道をおしえたりするときには、「右にいって」とか「左にまがって」とかいうおしえかたはしない。東西南北で道をおしえる。北へゆくのを「アガル」、南へゆくのを「サガル」、東へまがるのを「ヒガシイル」西へは「ニシイル」という。このように、東西南北の軸が京都という小宇宙のはっきりした空間軸になっている。住居表示も、四条通烏丸《からすま》東入ル何町何番地というようにそろえてあり、これは江戸時代からかわっていない。このシステムをいったん理解すれば、ひじょうにわかりやすい。東京のように通がバラバラの方角にはしり、番地もとんでいるような都市では「右にいって」「何屋の角を左にまがって」というような左右感覚が必要かもしれないが、京都の場合、通の名がわかれば、地図なしであるける便利なシステムとなっているのである。

ただし、この東西南北感覚は屋内にまではおよばない。ある地方都市では、背中をかいてもらうのに「もうちょっと東」などという。この地方では、身体にまで東西南北がおよんでいるのである。京都ではそういうことはない。

殿さま

京都というと、よくひとはまちがって、ひじょうに封建的な都市というイメージをもっている。ところが、日本全土のなかで、もっとも非封建的な都市が京都なのである。京都は封建時代にその領主的な支配からはずれた自治都市としてありつづけた。

封建制度のもとでの都市とは、封建領主によって国を統治する城下町としてのシステムをそなえた都市であった。ところが京都にはその経験がない。京都はついに一ども封建領主というものをいただいたことのない町なのである。宮廷があり、足利将軍が室町幕府をひらいていたけれども、京の町を領有するということはなかった。だから京都のひとには封建制というものが理解できない。なによりも「殿さま」という感覚がない。京都が封建的だという誤解は、京都が市民自治のなかでつちかった自治システムの伝統を曲解している場合がすくなくないとおもう。

西京区

現在、京都市の行政区は一一ある。上京《かみぎょう》、中京《なかぎょう》、下京《しもぎょう》、左京《さきょう》、右京《うきょう》、北《きた》、南《みなみ》、東山《ひがしやま》、伏《ふし》見《み》、山科《やましな》、西京《にしきょう》の各区である。昭和のはじめまでは上京と下京のふたつしかなかった。伏見はべつの市、伏見市であった。それが合併されて伏見区になり、中京がうまれ、右京、左京とできてゆく。そこまでは区の命名は順調だった。問題は北区・南区誕生のときである。伝統的な区名のたてかたによれば、上京・中京・下京・右京・左京ときて、つぎはどうしても北京《きたきょう》・南京《みなみきょう》ということになる。当時の高山義《ぎ》三《ぞう》市長は、この命名にいたくご執心であったが、しかしこれは中国に有名なふたつの大都市があったために採用されなかった。それで北区・南区という、なんの変哲もない名まえとなってしまった。ところが最近、桂《かつら》川《がわ》西岸域を分区した際、西京区と命名された。「ニシキョウ」とよぶのだが、これは行政区命名の伝統の復活である。そうすると真の区は東京《ひがしきょう》区とよぶことになるが、すでに山科区が存在しており、あらたに分区される予定もないようだ。当面、東京区誕生による混乱はさけられそうである。

西陣

京都市街の西北部は「西陣《にしじん》」とよばれている。この名は、学校、警察、郵便局などの名としては生きているが、きまった区域をさすわけではない。漠然とした地域名としてつかわれている。この西陣という名の由来は、応仁の乱で全国が二分し、細川勝元ひきいる東軍が堀川の東、花の御所に布陣したのに対し、西軍の山名《やまな》宗全《そうぜん》が、堀川上立売下《かみだちうりさが》ルにあった山名邸を本陣としたのにはじまる。

西陣織といえば、高級織物の代表である。その西陣織は京都のこの西陣の地で生産されている。西陣という店や会社があるわけではなく、この西陣の地が日本最大の機業地であり、そこで生産され出荷される織物に「西陣」という産地の商標がはられて、高級品として全国に販売される。

西陣は、江戸時代から現代まで一貫して日本を代表する機業地であり、京都でも最大の工業地帯である。織物については、つねに最先端をゆく地域でもあった。明治初頭、いちはやくフランスのリヨンからジャカード織機と技術をもちこみ、近代への変革をなしとげたことはよくしられている。

今日では、和服や帯などの着ものについては需要が減少し、西陣もその対応に苦慮しているという。しかし西陣は着ものだけの産地ではない。西陣の高度な織物技術を利用して、織物と称されるあらゆる分野にのりだし、徐々にではあるがその成果があらわれている。たとえば航空機や自動車の内装である。西陣は高級織物の地位をたもったまま、あたらしい変身をとげつつある。

ノーベル賞

京都からノーベル賞受賞者が続出した。

現在、日本におけるノーベル賞受賞者は六名。* すべてが西日本の出身で、そのうち平和賞の佐藤栄作、文学賞の川端康成のほかは、物理学賞の湯川秀樹、朝永《ともなが》振一郎はどちらも京都一中出身で、三高、京大へと進学した。江崎玲於奈《えさきれおな》は同志社中学から三高にすすんでいる。じつは、江崎は京都一中を受験しておとされて同志社にすすんだのだという。受賞後にそれをしった京都一中の卒業生たちは、憤慨して、「そのときの校長はだれだ」といきまいた。江崎が京都一中に進学していればノーベル賞を独占できたのに、というわけである。

いちばんあたらしい、化学賞を受賞した福井謙一は、大阪の学校から京大へと進学したひと。

日本のノーベル賞学者はすべて京都で勉学・研究の経験をもつひとで独占している。それはなぜかという理由についてはさまざまな説があるが、やはり、京都一中、三高、京大とつらなる、京都独特の自由な教育のながれが、すくなからず影響しているだろう。

＊　二〇〇五年八月現在、ノーベル賞受賞者は一二名。

東山三十六峰

京都盆地の東につらなる山やまを東山《ひがしやま》という。

「東山三十六峰《さんじゅうろっぽう》しずかに眠る丑三《うしみ》つどき、にわかにおこる剣戟《けんげき》のひびき」というのが戦前の映画の活弁のきまり文句であった。

正確には比叡山《ひえいざん》から伏見《ふしみ》の稲荷山《いなりやま》までの約一二キロに、およそ三六の峰があるという。そしてそれぞれに、名まえがつけられている。ただ、「ふとん着て寝たる姿や東山」の句があるように、北端の比叡山を別格として、あとはピークともよべないほどの、なだらかなたかみがつらなっているだけである。

いま東山は、うっそうたる木々におおわれて、新緑のころになるとあざやかな若葉がしげり、山ザクラが点々と散在してりっぱな森になっているが、これは京都市民の中世からの営々たる努力の結果なのである。応仁・文明の乱のころ、権力もおとろえていたため、東山は丸坊主であったという。それが、織豊《しょくほう》政権以来、江戸、明治と、延々と森林保護につとめて、それでいまのような森林にそだったのである。

風致地区

歴史性ゆたかな自然的風趣をたもつために、京都市には風致条例がさだめられている。それにより、市中から展望できる山林地や河川を中心に、市域の四分の一にもおよぶ地域が風致地区に指定され、樹木の伐採、現状変更や建築行為にきびしい制限がくわえられている。

四条河原町《しじょうかわらまち》などの都心部であれば、ある程度自由に高層ビルも建設できるが、たとえば鴨川《かもがわ》端、東山一帯では、たかさはもちろんのこと、建物のデザインなど、こまかな部分にまで規制がなされ、景観の保存に力がそそがれている。違反した場合には、きびしい罰則もさだめられ、悪質な開発には、現状復帰が命じられる。土砂をうめもどし、木をうえて原状復元を命じられた例もある。

こうして、京都の景観は乱開発からまぬがれているが、問題がないわけではない。

その好例が大学である。京都の大学はふるい歴史のあるものがおおく、当然、風致地区指定にはいっている。ところが制限がきびしく、設備の充実を目的とする建物の高層化、外観の現状変更などがむつかしい。そこで京阪奈《けいはんな》丘陵の関西文化学術研究都市に一部を移転した同志社大学のように、京都脱出をかんがえる大学がふえてきた。このことで、経済界の一部から、将来への不安が表明されはじめた。

大学生が生活のために消費する金額は京都全体では莫大《ばくだい》なものになり、大学移転による学生の郊外への移住は、京都の経済にすくなからぬ影響をもたらす。そこで現在、大学校舎の高層化をみとめるかどうかなど、解決の道をさぐる検討がはじまっている。

不介入主義

京の町屋は、通《とおり》に面しては間口《まぐち》が比較的せまく、奥行がふかいのがふつうである。あまりにもほそながいので「鰻《うなぎ》の寝床」とよばれる。いなかの家屋は棟が横にながいのがふつうだが、京都の町屋は棟がみじかく屋根が前後にながい構造になっている。そして表から裏まで家の片側に「ニワ」とよばれる通庭《とおりにわ》がある。まず母屋《おもや》があり、途中に坪庭とよばれる中庭があり、はなれがつづき、最後に裏庭となり、蔵がたっている。これが京の町屋のふつうのかたちである。

日本の家屋というと、田の字型のものをかんがえることがおおいが、それはいなかの家屋からきたもので、京都の家屋はそれとはちがった構造になっているのだ。すべては縦にならんでいる。

京の町屋は通に面したところがベンガラ格子になっていて、表戸をあけると、そこに「オモテ」という間がある。ここは、商売のときには店にもなる接客空間である。あがりかまちがあって客の応対をする。つぎにニワに「中戸《なかど》」があり、戸がついていることもあり、のれんがかかっているだけの場合もある。そこからが私的な家族の空間になっていて、他人がそこからなかへは踏みこんではならない。これは京都のひとの鉄則である。

いかにしたしくなっても、招待なしに、となり近所のひとがなかにはいることはない。この基本原則をこころえていないと、京都のひととのつきあいはできない。

それは精神においても、まったくおなじである。日常的な交際以上に、京都人のプライベートな心にふみこむことはゆるされない。それをやるとひじょうにいやがられる。地方からでてきたひとはしばしば、したしさ、親切さの表現として、京都のひとの心の内部にたちいろうとしてしまう。しかし京の町なかでは、心のなかまでたちいる関係はなりたたないのだ。

逆に京都のひとは、相互にオレ・オマエといった関係になることをさけるように心をくばる。この点が地方のひとには「京都のひとはつめたい」とみえる原因であろう。

しかし、この点が都市生活を維持するノウハウなのだ。都市にはさまざまなひとがながれこむ。素性のわからぬひとどとのつきあいや取引も必然的におおい。そのなかで都市生活をおくるには、京都のように相互不介入をたもったつきあいかたが必然となる。先祖代々おなじ家どうしがつづく農村的なつきあいかたとは質のことなる、都市でのつきあいかたが京都では必要だ。

複製品

京都で人気のある観光地には、複製品がすくなくない。たとえば高雄《たかお》の高山寺《こうざんじ》につたわる鳥羽僧正《とばそうじょう》の「鳥獣戯画」は、本物は東京国立博物館*に寄託されており、高山寺で展示されているのは、虫くいの穴まで精密に模写されたレプリカである。また宇治の平等院《びょうどういん》の屋根にとまる鳳凰《ほうおう》は、腐食をおそれてレプリカととりかえられている。こうした例をさがすのは、京都ではそう困難ではない。

なにせ、ふるい美術工芸品が京都にはおおく、長時間、外気にさらすわけにはゆかないものもあり、観光客の期待にこたえるためには、正確な複製品でもって観賞してもらうほかないのである。近年の複製技術は、模写もふくめて高度なもので、学術調査ででもないかぎり本物との見わけはつかない。本物がいたむのをおそれて非公開にするよりも、よほど賢明な処置というべきであろう。

こうした複製物は、もちはこびのできるちいさなものばかりではない。平安京の大極殿《だいごくでん》と応天門を模した平安神宮、あるいは放火により焼失し、再建された金閣寺も複製建築物である。これらも過去の貴重な遺産を、複製ではあれ再現してみせることで、見学者にどれだけたしかな歴史のイメージをもたらすか、はかりしれない。今後、こうした複製物による見学はふえてゆくのではなかろうか。

同時に古美術の複製品の製作は、京都の産業として、今後有望なものであろう。

＊ 全四巻を東京国立博物館と京都国立博物館の両館に寄託している。

舞台

明治以来、京都からは軍人とか政治家で高位にのぼったひとはいない。お公家《くげ》出身の三条実美《さねとみ》、岩倉具視《ともみ》、西園寺《さいおんじ》公望《きんもち》を別にすると、宰相となった京都人はいない。軍人にしても、中将以上になったひとはいないようだ。近代以降、京都から権力を左右する立場のひとは登場していないのだ。

京都人には、立身出世の意欲が欠落している。一般に「男児 志《こころざし》を立て郷関《きょうかん》を出ず、学もし成らずんば云々《うんぬん》」というかんがえが、どの地方の青年にもあった。現在でもそうであろう。しかし京都にはそれがない。

京都は都であって、地方からこころざしをいだいて上洛《じょうらく》してきたわかものの活躍してゆく舞台であった。京都のひとはかれらが活躍しようとするのをさまたげず、場合によっては援助さえするが、みずから舞台にあがるということはない。あくまで観客なのだ。

権力欲でなく、京都のひとがめざしていたのが文化的な洗練である。非権力的な価値の追求には、京都人は異常なほどの熱意をしめす。そうした指向は権力や金銭とは疎遠であり、ときには反権力的にもなる。

府と市

「京都」といった場合、京都府のことなのか京都市のことなのか、はっきりしないことがある。

全国は一都二府一道四三県にわかれている。一八六八（慶応四）年正月の鳥羽《とば》・伏見《ふしみ》の戦のあと、山城国《やましろのくに》は新政府の直轄地となり京都府が誕生した。一八七一（明治四）年の廃藩置県に先だつこと三年である。*現在、京都府は山城、丹波《たんば》の大部分、丹後《たんご》をその行政範囲とし、人口は約二六〇万である。

京都市は一八八九年に江戸時代からつづく京都市街を行政地域にして誕生した。現在の京都市は山城の北半分をしめて、人口は約一五〇万＊＊である。政令指定都市であり、府なみの権限をもつ。

　京都のひとは、京都市民という意識はつよいが府民という意識はうすい。京都人は丹波や丹後も京都とよばれることになじめない。

　おもしろいことに、外国にある県人会には、県人会に対応する府人会というものはないという。京都府もそうだが、江戸期に三都と称された京・江戸・大坂の三つには、他とはちがった大都市の生活があり、別格だという意識があった。それが府民意識をよわめているのであろうか。

　ところで、京都の衆議院の選挙区は、一区が京都市の大部分をしめ、二区は丹後・丹波・山城の南半分と、京都市の右京《うきょう》・西京《にしきょう》・伏見区をその範囲にしている。二区の議員立候補者は京都市と府下との意識のずれをどのように調和させているのか、一どきいてみたい。

＊　二〇〇五年七月現在、約二六四万人。
＊＊　二〇〇五年七月一日現在、人口一四七万人。

ブブヅケ

京都に関してひとつの伝説がある。京都でちょっとした訪問のおり、「まああがっといきやす、ブブヅケでもどうぞ」といわれても、それを本気にしてあがってはいけない。もしあがったら、ごはんがでるどころか、それからたきはじめるのだという。地方のひとはこの話をしては京都人の意地のわるさを批判する。しかしこれは京都にまつわる一種の伝説である。

ただ、わたしは、京都のひとのあいだでこうした会話がでて、「いいえ、きょうは失礼します」とこたえているのを否定はしない。

だいたい正式の招待は別として、中戸のなかまではいりこんで、食事にあずかるというのは、京都ではありえない。

他人の家の玄関先より奥にはいるということは、いなかではそうめずらしいことではない。しかし京都では、奥には一歩もはいらないのが礼儀である。それをやぶってあがりこめば、これはもう不作法きわまりない行為ということになる。

いちおう、「ブブヅケでも」とかるくさそい、相手はそれをやわらかくことわる。それはつきあいの一連のつらなりのなかに組みこまれた、社交的会話にすぎない。

ふるさと

地方のひとは「ウサギ追いしかの山、小ブナ釣りしかの川」とうたわれるだけで、ふるさとの景色がまぶたにうかんで心の底からゆりうごかされるようだ。しかしこのふるさとへのおもいは、京都人にはない。京都人は、この歌のような体験をもっていないから、歌詞のもつ意味がわからない。京都じゅうをさがしても、小ブナを釣るような池や川はどこにもない。ましてウサギを追うなどということは、いっそうイメージがわかない。そういうふるさとへのノスタルジーをかきたてるようなキーワードが京都には欠落している。もう一歩ふみこんでいえば、京都人には故郷感覚がないのだ。

「あなたの故郷は」ときかれて、京都のひとが「京都や」とはこたえられない。京都うまれ、京都そだちであっても、「京都がふるさとか」といわれたら、答に窮するであろう。

ふるさとというものは、イメージ的に安定感がないといけない。京都にはそんなに安定したイメージはない。大都市としては、京都は比較的変化のおそい都市ではあるが、歌にあるような安定した子どものときのイメージを京都で再現したりはできない。京都のひとには「ふるさと」はないのである。都とはそういうものなのだ。

平安京

平安京のモデルは中国の長安であるといわれている。たてよこ十文字に道をつけ、大内裏《だいだいり》の正面から南に朱雀大路《すざくおおじ》がはしる。これが現在の千本通《せんぼん》とほぼ一致している。その朱雀大路を軸に、大内裏から右側が右京《うきょう》、左側が左京《さきょう》である。そして左京も右京も主要街路によって四角に区ぎられた区画を、長安にならい、坊とよんで名まえがついていた。

ところで、現在でも京都にくることを「上洛《じょうらく》」というし、京都を「京洛《きょうらく》の地」ともよび、市中、郊外のことを洛中・洛外といっている。このことばにつかわれる「洛」は、じつは唐のべつの都、洛陽の洛なのである。なぜモデルにした長安ではなく、洛陽と京都がかさねあわされてイメージが定着しているのであろうか。

じつは、平安京が長安の都城制をモデルに造営されて以後、比較的はやい時期、唐風文化をこのむ朝廷は、右京を長安城、左京を洛陽城とよびならわすようになった。ところが、右京は湿地がおおくてさびれ、左京がさかえ、洛陽城が京都として定着したのであるらしい。現在の京都は盆地全体に都市がひろがるが、昭和初期のころまでは、この平安京における左京が京都の都市部を形成していた。「洛」という字は、このような京都の歴史を反映したものだ。

今日でも、この長安や洛陽ゆかりの地域名、すなわち坊名を京都でみかける。学校名に都城ゆかりの坊名が使用されている場合がおおいのである。一ど天皇のおくり名や寺院などにもちいられ、あらためて学校名となった例もあるが、長安や洛陽の坊名とてらしあわせると、長安の場合、修徳《しゅうとく》、醒泉《せいせん》、光徳《こうとく》、待賢《たいけん》、崇仁《すうじん》などがあり、洛陽からは教業《きょうぎょう》、銅駝《どうだ》、陶化《とうか》、淳風《じゅんぷう》、仁和《にんな》などの坊名が、京都の小・中学校の校名に使用されているのである。

現在、平安京の坊名はつかわれず、都としての事物も歴史の底にしずんだかにみえる京都であるが、あらためてながめると、学校名のようなところに平安京のたしかな証跡を見いだすことができるのだ。

平安神宮

平安京は七九四（延暦一三）年に桓武《かんむ》天皇によって造都が推進されてできあがった。以来一二世紀、まもなく平安建都一二〇〇年をむかえることになる。* 京都市はこれを記念していろいろな計画をねっている。まだはっきりした企画はきまっていないようだけれども、記念協会が発足してうごきだしている。

じつは、一〇〇年まえに奠都《てんと》千百年祭というのがあった。一八九五（明治二八）年に、奠都一一〇〇年を記念していろいろな行事をおこなった。第四回内国勧業博覧会を岡崎で開催したし、日本最初の電車もひいた。いまにのこる当時の記念建造物が平安神宮である。祭神は建都をおこなった桓武天皇であり、京都市民の氏神《うじがみ》ということになっている。

この神社の祭が時代祭で、一〇月二二日に平安建都時代から明治維新までの各時代の衣装をまとったひとの行列が、時代をさかのぼるようにならんで御所から平安神宮までパレードする。葵祭《あおいまつり》、祇園祭《ぎおんまつり》とならんで京都三大祭のひとつにかぞえられている。

平安神宮の建物は、当時の研究によって、平安京の大極殿《だいごくでん》と応天門をくみあわせた建物として正確に再建された。ただざんねんなのは原寸の八分の五の縮小建造物であることだ。なにゆえもとの大極殿のスケールで再建しなかったのかと惜しまれる。

あと一〇年しないうちにむかえる建都一二〇〇年には、どのようなもよおしがおこなわれるのか。いずれにしても後世にのこるものができることをのぞみたい。
＊ 一九九四年に建都一二〇〇年をむかえた。

保守と革新

京都は保守的な都市であるという一般通念にもかかわらず、京都には永年、いわゆる革新政権が君臨していた。とくに全国の革新のシンボルでもあった蜷川虎三《にながわとらぞう》による京都府政は、七期二八年間もつづいた。京都市でも革新市長とよばれるひとがなんにんかでた。

保守的といわれる京都に、このように革新政権が誕生するのはなぜか。いろいろな分析がなされているが、ひとつの視点として、つぎのことが指摘できよう。戦後、日本の各地で再建や再開発がおこなわれ、地方は姿をかえていった。その全国の再建・再開発をおしすすめる原動力となった政治勢力は、主として保守とよばれる人たちであった。しかし再建・再開発はミニ東京化でもあったのだ。京都は戦争被害もすくなく、当面、再建の必要もなかったし、ミニ東京化というかたちの再開発をのぞんでもいなかった。京都は都市として完成していたのだ。

そこで京都市民は、変革をおしすすめる政治潮流に異議をとなえる革新にみずからの行政権力をゆだねることで、京都のミニ東京化という変化をこばんだ。それは成功し、京都の革新は京都に最小限の変化しかもたらさなかった。完成都市京都は温存されたのである。

ことばの通常の意味での革新と保守は、京都においては逆転していたのである。京都市民は実質的な保守性のゆえに、革新政権をえらんだのである。こうした京都市民と革新との協調は一九七〇年代前半までつづく。

しかし石油ショック以降、状況はかわりつつあるようだ。完成された都市、京都が住民にもたらしえないものを、東京や大阪などの大都市がうみだしはじめている。京都は今後どのような選択をおこなうのか。

堀川

堀川は京都盆地のやや西よりを、北から南にむけてながれる川である。現在、盆地の東側を堀川と平行してながれる鴨川は、むかしはもっと西をながれて堀川と合流していた時期もあったという。

堀川というと、わたしなどは一条戻橋《もどりばし》の話をおもいだす。いまも一条通《どおり》と堀川がまじわるところに戻橋というちいさな橋がかかっている。この橋にはいろいろな逸話があって、そのひとつが渡辺綱《わたなべのつな》と鬼女の話。

平安のなかごろ、この一条戻橋に般若《はんにゃ》の面のような女の姿をした鬼が、夜な夜なあらわれていたという。そこで渡辺綱がでかけていって、鬼の片腕をきりおとした。腕をきりおとされた鬼は、その腕をとりかえそうと戻橋にでるという。

いま堀川はひじょうにせまくなって、御池通から南はフタをして道路になってしまったけれども、むかしの堀川はかなりふかくえぐられていて水量もおおかった。川のほとりには染物屋が軒をならべ、染物を堀川の水であらっていた。戦前までは鴨川も堀川も染物の糊《のり》おとしにつかわれていたから、水が染料にそまっていたものだ。吉村公三郎の映画『夜の河』（一九五六年公開）は、ここ堀川ぞいの染物屋の娘（主演　山本富士子）を中心にした恋物語だった。

将門岩

比叡山《ひえいざん》は京都の北のほうからみると、秀麗な孤立峰にみえるが、京都の中部あるいは南からみると、ラクダの背のようなおおきなふたつの峰にわかれて、まんなかにくぼみがある形にみえる。そして、西の峰が四明《しめい》ケ岳《だけ》、東の峰が叡南岳《えなみだけ》という。叡南岳のほうがたかく、八四八メートル、四明ケ岳はちょっとひくく、八三四メートル。ところが、京都市を展望するには四明ケ岳にかぎる。今日ではドライブウェイがついているから、わりにかんたんに山頂ちかくまでゆける。四明ケ岳のうえにたつと、京都市が一望のもと、じつにきれいに見わたせる。

その山頂に、おおきな岩が露出している。その岩を将門岩《まさかどいわ》とよぶ。その名は、平将門に由来する。関東下総《しもうさ》にあって独立王国をきずき、みずからあたらしい天皇「新皇《しんのう》」と称し、天下をとろうと反乱をおこした。これを承平《じょうへい》・天慶《てんぎょう》の乱という。将門はこの乱の主役のひとりだった。かれはわかいころ京にのぼり、検非違使《けびいし》への登用をのぞむがはたせず、関東にくだった。帰国するまえ、この岩のうえにスックとたって、眼下に京都市街を睥睨《へいげい》して、「オレがやがてここの王になる」と宣言をしたという伝説がある。反乱はけっきょく失敗してうちとられ、東国は平定された。

この反乱は、日本史においてきわめてめずらしい事件で、天皇家覆滅というか、中央にしたがわない独立政権の樹立をはかり、下総の石井を平安京にみたてて王城とした。将門の乱は、あたらしい都を関東にうちたてようとした、とほうもない事件であった。その歴史がちゃんと、京都とむすびついて伝説にのこっている。

町組

京都市民の自治組織の最小単位が町《ちょう》であった。町《ちょう》には数戸から百数十戸まで大小さまざまあった。

ところで、町《ちょう》にはその町《まち》に居住するすべての所帯がくわわっていたわけではない。まず加入の条件は町人であることが必要で、町人とはその町《まち》の表通に一戸をかまえ、不動産をもっている所帯である必要があったのだ。したがって、おなじ町域内にすんでいても、不動産をもたなかったり、裏店《うらだな》にすむ所帯はメンバーにはなれなかった。

そしてこの町《ちょう》の組織が構成町人の合議制により、行政の末端単位として機能していた。じつはこれが江戸時代からつたわる町衆の組織であり、明治以後もそのおなじ組織をもちこした。町《ちょう》はひとつの町組《ちょうぐみ》をつくる。各町のメンバーの投票により各町組に年寄が選出された。投票権は町人の家一戸に一票で、女主人の場合も同等に一票をみとめられていた。この町組はさらに、上京《かみぎょう》・下京《しもぎょう》それぞれまとまって各年寄のなかからいわゆる総年寄が選出されていたのである。明治維新後、京都では町組が京都府の手によってくみかえられた。数的にも地域的にもあらためてととのえなおされ、番号を付されて、たとえば上京五番組というふうにかわってゆく。

京都の小学校は一八六八（明治元）年から六九年にかけて、天皇のご下賜金と町民の醵《きょ》出金《しゅつきん》もくわえて、各番組ごとに一校を原則に建設・開校された。したがって各小学校の名まえも開校場所の町組番号がつけられた。ちなみにわたしのかよった正親《せいしん》校は上十番組小学校と称していたのである。京都市内の小学校は、一八七二（明治五）年に政府のだした学校令に先だつこと三年であり、日本最初の小学校群としてしられている。

この小学校をささえていた町組の年寄代表である総年寄は、のちに任命制の区長となった。伝統的な町を単位に公同組合が結成され、さらに連合会をつくり、江戸期以来の町衆の自治組織の伝統をひきつぎ、いまにいたっている。

最近まで京都は小学校、中学校、高等学校にいたるまで、徹底した小学区制をとっていた。通学区域の変更にはつねに住民のつよい抵抗があった。それもこの地域自治のながい伝統に根ざすものであろう。

祭

ドンドンヒャララ、ドンヒャララという歌を小学校時代におそわったことがあるけれども、わたしにはなにを意味するのか、ながいこと理解できなかった。

祭に笛や太鼓がでてくることが、わたしにはわからないし、イメージがわかない。笛や太鼓がつかわれるはなやかな祭は、いなかの祭のスタイルではなかろうか、とわたしはかんがえる。

わたしのそだった西陣《にしじん》は今宮神社の氏子《うじこ》圏で、そこの祭といえば、各町内からでてきた市民代表が、麻の裃《かみしも》をつけて行列をくんで、粛々とねりあるいた。そして今宮のおおきな鉾《ほこ》が、手でささえられながらすすむ。鉾のうえに鈴がついていて、キーン、コーンとならしながらゆっくりとすすんでゆく。そして最後におみこしがでてくる。おみこしが家のまえをとおるときは、みな柏手《かしわで》をうっておがむ。祭というものはそういう粛然たる神事であった。ピイヒャラドンドンといった、うかれた気分などなかったのだ。

現代の京都にある三大祭も厳粛なもので、葵祭は朝廷のまつりであり、行列が御所から下鴨《しもがも》神社、上賀茂《かみがも》神社へとすすむ。明治になってはじまった時代祭も御所から平安神宮までパレードするが、拍子ぬけするほどしずかなものである。最後の祇園祭はたしかに音《おん》曲《ぎょく》をともなっている。しかし、この祭自体、夏の流行病《はやりやまい》をふせぐことを神にいのるもので、そこには、はなやかななかにも緊張感がただよい、うかれた気分はない。

それに、これらの祭は、市民が自由に参加できるものではない。とびいりなどかんがえられない。参加資格をもたない市民は、行列がパレードするのをながめることで満足しなければならない。

京都の祭はいなかの祭とはことなり、収穫をいわったりする祭ではなく、国家安泰、あるいは都の安寧、疫病はらいといった性格をもった祭礼なのだ。そこには、うかれて祭の輪にくわわるという雰囲気がないのは当然というべきか。

味噌汁

しろいごはんとあたたかい味噌汁《みそしる》があれば、あとはなんでもよい、というのが平均的な日本人である。味噌汁はそれほど日本人の嗜好《しこう》にふかくくいこんでいる。

ところが京都には味噌汁をのむという習慣がない。まったくのまないわけではないが、せいぜいのところ年に二、三回であろう。それも白味噌がおおい。

だいたい味噌汁ということばがない。そのことばに対応する京ことばは「おみのおし」であろう。「おみ」も「おし」も、おだい（ダイコン）、おかぼ（カボチャ）の例とおなじで、おをつけたうえで語尾音を省略するという造語法である。つまり「おみそのおしる」

という意味である。しかし、だいたい汁ということばはつかわない。「おし」または「おつゆ」である。

味噌汁でない汁はすましであるが、京都ではやはり「すましのおし」といった。

奇妙なことには、京都における正月のお雑煮はすべて白味噌仕たてである。白味噌のなかに「おかしら」と称する、巨大なサトイモと餅《もち》をいれる。三が日《さんにち》、朝、昼、晩ともに、この白味噌雑煮をいただく。三日目の晩にいたってはじめて、すましの雑煮がでてくる。わたくしごとになるが、わたしは味噌汁はきらい。たくあんはたべない。梅ぼしはまっぴらごめん。すきやきは閉口である。こういう日本人も、京都には存在するのである。

深泥ケ池

京都盆地の北のはし、岩倉盆地とのあいだに一連のひくい山がある。その南側に深泥《みぞろ》ケ池《いけ》という池がある。山の北側にある宝ケ池は灌漑《かんがい》用の人工溜池《ためいけ》だけれども、深泥ケ池はその成立を異にする。これは低層湿原なのだ。池の泥の花粉分析から、一万年以上まえからの湿地であることが判明しているし、氷期からの生きのこり生物がいて、学術上からも貴重な池である。池にはミズゴケからできた浮島があり、あるいて中島までゆける。中島にはムシトリスミレなどの食虫植物がおおいし、開水域には吸いものにつかうジュンサイや、ヒシなどが群生していて、タライ舟でそれをとっていた。ただ現在は、近代都市の中心に存在するめずらしい低層湿原で、植生の貴重さから、池の植物群落が天然記念物に指定され、ジュンサイが採集できなくなって、名物がひとつへった。

モダニズム

京都は明治期の例をだすまでもなく、進取の気風をひめたモダンな都市である。西陣《にしじん》、友禅《ゆうぜん》あるいは陶器といった、近世からつたわる工業が近代化をなしとげてゆく過程で、京都は外部からの情報を敏感にとりいれる姿勢をつくりあげた。日本で最初にシネマトグラフを輸入・上映したのが京都の会社であったように、工業用の情報とともに、世界最新の文化情報が京都に直接もたらされていたのである。くわえて、三高や美術学校など高等教育機関の存在は、京都をあたらしい文化をいちはやくうけいれるモダンな都市として成長させる推進力となった。

この傾向は昭和にはいってもつづき、昭和の初年には京都の中学校や女学校は全館スチーム暖房であったし、一〇年代になると、府立第一高女には温水プールまでつくられた。また京都一中では大レストランがあり、昼になると教師と生徒がそれぞれメニューを注文し、いっしょに昼食をとる習慣であった。こうした設備や習慣は、京都の「モダニズムごのみ」をよくしめしている。

山宣

戦前、京都から日本最初の無産政党代議士が誕生した。一九二八（昭和三）年におこなわれた第一回の普選（普通選挙）による総選挙で、京都一、二区両区からふたりの労働党候補が当選したのである。

そのひとり、山本宣治《せんじ》は、京都では略して「山宣《やません》」とよばれているが、宇治の料亭「花屋敷」の息子で、日本における性科学の開拓者としても知られている。かれは京都大学動物学科にまなび、研究をすすめる過程で、無産者の生活の悲惨さ、子どものおおさに気づき、産児制限のサンガー女史の運動に共感して、日本で産児制限の運動をはじめる。この運動を通じて山宣は無産運動にはいり、総選挙に立候補するまでになったのである。代議士としての山本宣治は、国会でただひとり治安維持法改定に反対し、右翼に暗殺されてしまう。

京都にかえり、赤旗につつまれた山宣のひつぎは、労働者にかつがれて、「インターナショナル」の歌声とともに、京都特有の騎馬警官が警戒するなか、烏丸《からすま》通を北上し、三条のYMCAにはこばれて葬儀がおこなわれた。左翼への弾圧がつよまるなかで、山宣の葬儀は盛大なものであったという。

戦後における京都は、革新の拠点となったが、京都市民の精神には、ややもすると、時の権力と対決することも辞さぬほどのきびしさがひそんでいる。

山本宣治は宇治川をのぞむ丘の墓地にほうむられ、墓石には、かれのことば「山宣ひとり孤塁を守る云々《うんぬん》」がきざまれている。

湯葉

豆腐は大豆からつくるが、湯葉《ゆば》も大豆からの製品である。牛乳をわかしたとき、表面にうかぶ膜のように、大豆を煮たてたときに表面にうかぶ、黄色い膜である。京都ではこれを「いば」と発音する。

湯葉は豆腐とともに京都人の大好物のひとつで、その消費量はおびただしいものであろう。今西錦司先生は西陣の出身だが、今西家はこの「いば」が大すきで、近所では「いばにっさん」とよばれていたという。

この食品は、関東のひとには意外になじみがすくないようである。あるとき、わが家で東京出身の外交官と、シンガポール在住の中国人とを夕食に招待したことがある。湯葉をだしたが、東京の外交官はこれをしらなかった。それに対してシンガポールの華僑《かきょう》は、日常のたべものだといった。京都の食品はおなじ日本の関東とよりも、中国と共通の部分がすくなくないのかもしれない。

たべものでいえば、京都には納豆《なっとう》がない。いまは多少でまわっているが、もともと京都のひとには納豆をたべる習慣がなかった。わらづとにつつまれた形も見なれぬものであった。京都で納豆といえば、甘納豆とか、大徳寺納豆にかぎられていた。関東の納豆とは、似ても似つかぬものである。

律令都市

京都がつくられたのは、律令国家の首府としてであった。したがって日本封建制の成立よりずっとはやい。鎌倉幕府以後も一ども封建領主をいただくことなく、封建秩序のなかに組みこまれたことのない、国の首都のままで明治までつづいた。

とくに、一七世紀以来の江戸幕府成立のなかで、幕藩体制からはずれて存在した希有《けう》な都市であった。日本の封建制は現代にまでつづく国家の根幹をつくった制度であるが、京都という都市はその経験をもたない例外的な都市であった。

日本を理解するには、殿さまや幕藩体制を理解する必要があるが、京都では事情がことなる。京都は天朝《てんちょう》さまの都市なのである。天朝さまは領主とはちがう。天皇とは、律令国家の帝王であって、京都の領主ではない。江戸時代でも幕府の直轄地としてあったが、幕藩体制に完全には組みこまれず、京都は自治都市でありつづけた。

こうした都市を海外でかんがえてみると、パリが該当するかもしれない。パリには領主は存在せず、ルイ王朝の都市であり、国の首府としての性格をもちつづけて今日にいたっている。

林間学校

京都の旧市内は人口稠密《ちゅうみつ》な地域であるから、子どもは自然というものをしらない。そういう都心部の子どもたちのために、むかしは林間学校という行事が各小学校でおこなわれた。

夏のある一定期間、京都の郊外《めいさつ》へ子どもたちをつれてでる。わたしの場合は嵐山《あらしやま》、天竜寺《てんりゅうじ》だった。天竜寺という名刹の境内で夏をすごした。そして嵐山の渡月橋《とげつきょう》のしたでおよぎ、水になれた。また、二尊院《にそんいん》、小倉山《おぐらやま》、落柿舎《らくししゃ》、野々宮《ののみや》とか嵯峨野《さがの》一帯をあるいた。そのことによって、平安王朝時代以来の歴史的地名などを、子どもたちはおぼえてしまう構造になっていた。

林間学校が天竜寺であったということは、中世の禅宗とはどんなものか、からだでしることにもなった。それは京都の子どもの大ぜいたくであったとおもう。

歴代天皇の名まえ

歴代天皇の名まえは、ひじょうにたくさん京都の地名からとられている。

たとえばわたしの卒業した小学校は正親《せいしん》校というが、これはもともとはオオギマチにあった。オオギという字は正親とかく。第一〇六代正親町天皇の名はこの地名に由来する。ただしこの地名はうしなわれていまはない。

ほかにも、天皇の名まえは京都の地名にいくらでもある。白河天皇、後白河法皇はもちろんのこと、花園、嵯峨、鳥羽《とば》、堀河、一条、二条、三条、四条、六条、高倉、深草、伏見《ふしみ》、東山《ひがしやま》、朱雀《すざく》、醍醐《だいご》、水尾《みずのお》と、洛中・洛外にわたってある。歴代天皇の名まえをならべると、京都の地名一覧をみるおもいがするはずだ。

第一一一代後西《ごさい》天皇というかたがおられる。後西天皇というからには、西天皇というかたがおられないとおかしい。しかし歴代天皇表にはその御名は見あたらない。第一一一代天皇は、もともとは後西院天皇であった。京都には西院という地名があり、これを「サイ」とよぶ。天皇の名まえも後西院天皇とかいて、その地名のように「ゴサイテンノウ」とよんだ。大正年間に宮内庁で、歴代天皇の名まえを確定したときに、院はよけいだとかんがえて、後西とかくようにきめた。京都の地名の西院は、「サイ」であることを、宮内庁のひとはしらなかったのであろう。こうして第一一一代天皇は後西天皇となった。

なお、西院天皇の名は、歴代天皇表のなかには見あたらないが、これは第五三代淳和《じゅんな》天皇の別名を西院帝《さいてい》ともうしあげたのによる。

西院は今日、阪急《はんきゅう》電鉄の駅名では「サイイン」とあり、京福《けいふく》電鉄では「サイ」となっている。市民のあいだでの伝統的よび名はやはり、「サイ」である。

解　説

Ⅰ　京都の未来像

一九六六年、関西電力京都支店で「電気まつり」というもよおしが企画実行された。その一環として記念講演会がもよおされ、わたしは「京都の未来像」と題して講演をおこなった。関西電力にはわたしの友人や知己がすくなくないが、この演題でわたしに講演をおこなうことをせまったのは、当時の関西電力京都支店長の石黒久氏であった。石黒氏はその後、関西電力副社長、副会長を歴任され、現在、同社相談役である。

講演は同年三月二五日午前一一時から京都駅前の関西電力京都支店講堂でおこなわれた。講演は市民に公開されて聴講自由であった。

本項はそのときの講演メモにもとづくもので、印刷された報告書はでていない。

Ⅱ　京都と観光産業

一九七〇年、京都市文化観光局は、「観光事業経営者夏期講座」というのを開催した。講習会は六月二六日、比叡山《ひえいざん》の中腹にある比叡山国際観光ホテルのボウル・ルームとよぶ大会議場であった。受講者は京都市内に事業所をもつ旅館、交通業、みやげもの店などの経営者であった。

この講習会にまねかれて「七〇年代の観光京都のビジョン」という講演をおこなった。終了後、他の講師の諸氏は、より実際的な経営上の問題について講義をされたようである。かずかずの質問がでたが、ここでは割愛した。

この講習会の講義録はのちに主催者の手で刊行され、わたしの講演も全文収録されている(註)。ここに収録するにあたって題名をかえた。

(註) 梅棹忠夫(著)「七〇年代の観光京都のビジョン」『観光事業経営者夏期講座講義録』一二三―一五四ページ 一九七〇年七月 京都市文化観光局観光課

III 京都の精神

一九八〇年、京都新聞社では『京都新聞』創刊一〇〇周年を記念して一連のシンポジウム講演会を開催した。

全体のとおしテーマは「謎《なぞ》の古代 京・近江《おうみ》――京滋《けいじ》文化の源流を探る」であり、五回におよんだシンポジウム講演会のテーマはそれぞれつぎのとおりである。

第一回 京滋の原始社会を語る (講演)
第二回 山城《やましろ》と近江と大和《やまと》 (講演会)
第三回 京滋の古代宮都 (シンポジウム)
第四回 京滋文化の創造と伝統 (シンポジウム)

第五回　特別記念講演会　（桑原武夫氏）

ここに「京滋」という耳なれないことばがしばしば登場するが、これはもちろん京都・滋賀の二府県をさすことばである。この地域が『京都新聞』の販売地域であることによる。わたしは敬愛する先輩、林屋辰三郎氏のおすすめにしたがって第四回のシンポジウムに参加した。他の参加者諸氏の演題が、いずれも企画全体の「謎の古代を探る」というテーマにそうもので、古代史における話題を選択されているのに対して、「京都の精神」というわたしの演題だけが、企画はずれのものであった。ただし、この演題をわたしにあたえてくださったのは、司会の林屋教授であって、わたしの責任ではない。

この第四回シンポジウムは同年一月二六日午後、四条通烏丸西《しじょうどおりからすまにし》入ルにある京都産業会館シルクホールで約三〇〇人の聴衆をむかえてひらかれた。当日の基調講演はつぎのとおりである。

京滋の文化　上山春平
京滋の美と文学　梅原　猛
京都の精神　梅棹忠夫

講演のあと、聴衆からの書面による質問に対して講師三人からそれぞれ回答をおこなった。

当日の講演および討論の要約は『京都新聞』紙上に掲載された（註1）。

このシンポジウムの全記録は、のちに一本にまとめられて河出書房新社から刊行された。

わたしの報告もそのなかに載録されている（註2）。

　また、聴衆の質問に対する三人の講師の回答は、「討論」として司会者と講師の四名の名で載録されている（註3）。ここには、そのうちのわたしの発言の部分を講演の記録のあとにつづけて収録した。

（註1）「謎の古代 京・近江――京滋文化の創造と伝統」『京都新聞』一九八〇年二月一日
（註2）梅棹忠夫（著）「京都の精神」京都新聞社（編）『謎の古代 京・近江――京滋文化の源流を探る』二一八―二二七ページ　一九八一年四月　河出書房新社
（註3）上山春平、梅棹忠夫、梅原猛、林屋辰三郎（著）「京滋文化の創造と伝統」京都新聞社（編）『謎の古代 京・近江――京滋文化の源流を探る』二二八―二四七ページ　一九八一年四月　河出書房新社

Ⅳ　わが京都

　京都市では一九三九年に京都市史編纂《へんさん》事務局という部局を設立し、京都市の歴史編纂の準備をはじめた。林屋辰三郎、奈良本辰也《たつや》両氏をはじめ、歴史家たちがこの仕事にたずさわり資料の収集につとめた。のちに一九六五年にいたり、あらためて京都市史編纂所が開設され、本格的な作業にはいった。

　その成果は一九六八年以降、九年がかりで『京都の歴史』（全一〇巻）として刊行された（註1）。

この京都市史編纂の事業のために膨大な史料が収集された。古文書、古文献の発掘があいつぎ、編纂所はそれらの収集、購入、保管にあたった。『京都の歴史』の刊行が完了してのち、これらの史料の整理・保存・研究・閲覧のための施設として、京都市は京都市歴史資料館を開設した。

収集された諸史料は同資料館の手によって整理がすすめられ、『史料 京都の歴史』（全一六巻）として刊行が進行中である*（註2）。初代館長は森谷《もりや》尅久《かつひさ》氏が任じられた。設立された場所は御所の東、寺町通丸太町上《てらまちどおりまるたまちあが》ル松蔭町《まつかげちょう》である。

京都市歴史資料館が新築され、一般に公開されたのは一九八二年一一月一日であった。開館を記念して一連の開館行事がおこなわれた。そのひとつとして記念講演会がひらかれ、わたしは講師の依頼をうけた。「わが京都」という題で話をせよ」というのが森谷館長の意向であった。講演会は同年一一月二〇日午後、新築の資料館講堂でおこなわれた。講演会は市民に公開された。

この講演は刊行されていない。今回、京都市歴史資料館のおゆるしをえて、録音テープをもととしてここに活字化し、収録することにした。

（註1）京都市（編）『京都の歴史』（全一〇巻）一九六八年一〇月－一九七六年一〇月　学芸書林

（註2）京都市（編）『史料 京都の歴史』（全一六巻）一九七九年一月－　平凡社（一九九二年現在、一三冊刊行されている）*

* 一九九四年一〇月、全一六巻が刊行された。

V　文化首都の理論

ここに収録するのは、一九八三年一〇月にひらかれた第一回比叡会議の基調講演である。比叡会議というのは日本アイ・ビー・エム株式会社の主催によるものである。じつは一〇年ほどまえからおなじ日本アイ・ビー・エムの主催により、伊豆《いず》天城《あまぎ》山中で各界の有識者をあつめて「天城会議」という大規模なシンポジウムがひらかれていた。

わたしも毎年、招待をうけていたので、そのことは承知していたが、一ども出席したことがなかった。それが一九八二年に、日本アイ・ビー・エムの椎名《しいな》武雄社長から関西とくに京都で、天城会議とはべつに同様のシンポジウムを開催したいというご相談があった。それについて数人の世話人があつまって準備をすすめることになった。世話人は稲盛和夫、梅棹忠夫、小谷隆一、榊田喜四夫、矢野暢の五名であった。

なんどかうちあわせの会議をかさねた結果、会議の名は「比叡会議」ときまり、場所は比叡山の中腹の比叡山国際観光ホテルときまった。第一回は一九八三年一〇月一一日、一二日の両日にわたってひらかれた。

会議の趣旨については、第一回の比叡会議の報告書に世話人五名の連名で掲載されている「趣意書」に要領よくしるされているので、発行者の了解をえて、それを引用したい。

「わたしたちがこの『比叡会議』に期待する事柄は多様です。しかし、なによりもまず、京都の将来のあるべき姿について、率直で、知的な問題提起をいただけたらと思います。京都は永遠の未来をもちます。したがって、私達の議論も未来を意識したものにならねばなりません。そのばあい、京都が知的な本質をもった世界である以上、これからの京都も知的な展望によって支えられていかねばなりません」

「あわせて、わたしたちは、『京都』の意味性を強く意識する立場にあります。すなわち、京都はたんに京都それ自体ではなく、日本の民族文化のアイデンティティをも支える存在です。つまり、わたしたちは、京都について語ることによって、日本をも語ることができます。ひいては、京都論に基軸を置くことによって、世界の中の日本あるいは世界文化の発展ということも語ることができましょう。『比叡会議』の使命のひとつは、そのような多面的な京都論を柔軟に展開することでもあります」

第一回のテーマは「文化首都の理論」であった。文化首都というのは、耳なれない用語であろうが、その意図するところは、やはり趣意書から引用すると、つぎのようなものである。

「わたしたちのもうひとつの課題は、京都を久しく特徴づけてきた固有文化の諸様相を知的に吟味し直して、それに将来的な観点からもっと積極的な意味づけをおこなうことでなければなりません。京都が今後とも日本の『文化首都』としての役割をはたすとき、それはこの街を特徴づけてきた古い文化システムを崩し、まったく新しい文化でこの街を満たすということではありません。京都はいま持ち備えている特性だけでも優に『文化首都』の資格を満たすはずです。しかし、わたしたちは、この際、いま一度知的に目覚めて、文化空間、意味空間としてのこの京都を冷静にみてみる必要がありましょう」

会議においては参加者はすべて個人の資格で出席、発言し、京都を素材に世界文明をかたるシンポジウムとなった。当日の参加者はつぎのとおりであった。

荒巻禎一（京都府副知事）、池坊保子（池坊学園理事長）、石田隆一（株式会社石田衡器社長）、稲盛和夫（京セラ株式会社社長）、伊吹文明（同志社校友会理事）、植木光教（参議院議員）、上田篤（大阪大学工学部教授）、梅棹忠夫（国立民族学博物館長）、大倉恒彦（大倉酒造株式会社専務取締役）、大原謙一郎（株式会社クラレ副社長）、岡本道雄（科学技術会議議員）、鎌田吉郎（大阪通商産業局長）、木下昌男（日立造船株式会社相談役）、吉良竜夫（滋賀県琵琶湖研究所長）、河野卓男（ムーンバット株式会社社長）、小谷隆一（イセト紙工株式会社社長）、小林公平（阪急電鉄株式会社副社長）、榊田喜四夫（京都信用金庫理事長）、佐野豊（京都府立医科大学長）、椎名武雄（日本アイ・ビー・エム株式会社社長）下河辺淳（総合研究開発機構理事長）、立石孝雄（立石電機株式会社社長）、塚本幸一（株式会社ワコール社長）、長野克亮（日本放送協会京都放送局長）、野村直晴（野村株式会社社長）、森谷尅久（京都市歴史資料館長）、森山信吾（京セラ株式会社副社長）、矢野暢（京都大学東南アジア研究センター教授）、湯浅叡子（財団法人民族学振興会千里事務局長）、湯浅暉久（湯浅電池株式会社副社長）、米山俊直（京都大学教養部教授）

一日目の午後、第一セッションにおいては基調講演として梅棹忠夫「文化首都の理論」、ほかに上田篤「世界の文化首都」、森谷尅久「文化首都・京都」のふたつの講演がおこなわれた。第二セッションは「文化首都の概念」と題して全体討論がおこなわれた。二日目は第三セッションとして「世界における文化首都」、第四セッションとして「京都は何をなすべきか」、第五セッションとして総括討論がおこなわれた。

参加者は原則として同ホテルに一泊し、二日間の全セッションに出席した。

この第一回比叡会議の全記録は翌年の七月に刊行された。そのなかにわたしの基調講演も載録されている（註）。ここにその全文を収録した。

（註）梅棹忠夫（著）「文化首都の理論」『第一回比叡会議報告書　文化首都の理論』二一九―四五ページ　一九八四年七月　日本アイ・ビー・エム株式会社比叡会議事務局

VI　二一世紀世界における京都

第二回の比叡《ひえい》会議は、一九八四年一〇月二日、三日の両日にわたって、前年とおなじく比叡山国際観光ホテルでひらかれた。

今回も前年とおなじ五名の世話人が、なんどもうちあわせの会合をかさねて、「二十一世紀世界における京都」というテーマを選定した。企画趣意書を引用して今回のテーマの意図を解説するとつぎのようになる。

「私たちの発想の前提には、〈外文明〉と〈内世界〉という理論的な図式があります。固有文化に満たされたある〈内世界〉は、それだけが外界から孤立して生成発展することはありえず、その固有文化のほんとうの容姿を見定めるためにも、またそれがかけがえのない無比の尊厳をもつためにも、実はむしろ外の世界との相互作用の試練にあわなくてはなりません。そして、その場合、外の世界は文化圏であるよりは、むしろ文明圏として措定されるべきでしょう」

「京都のすばらしさを確認するためにも、また、〈文化首都〉京都の永遠の生命を考えるためにも、私たちは、ひとつのユニークな文化世界としての京都を、いったん広い世界の中に移しかえて眺めてみるべきだと思えてなりません。そして、私たちが設定する時代は二十一世紀です。二十一世紀は、問われても、まるで茫漠《ぼうばく》としてとらえどころがない感じですが、あと十六年経つと、もう二十一世紀なのです。『二十一世紀世界における京都』をそろそろ考えはじめてみたとしても、もうおかしくないタイミングではないでしょうか」

一日目の第一セッションにおいては、基調講演として梅棹忠夫「二十一世紀の文明」、第二セッションではドナルド・キーン「京都の〈かたち〉」と、おなじ題で梅原猛の講演がおこなわれた。昨年度とことなり、今回はふたつの分科会をもうけることとなり、それぞれが同時平行しておこなわれた。第一分科会のテーマは「京都の文化」、第二分科会は「京都の活力」というのであった。翌三日は第三セッションとして吉田光邦の講演「京都の文化」がおこなわれ、第四セッションでは林田悠紀夫の講演「京都の活力」がおこなわれ、第五セッションの総括討論で幕をとじた。

参加の方法は前年度と同様で、参加されたかたがたはつぎのとおりである。

池坊保子（池坊学園理事長）、石田隆一（株式会社石田衡器製作所社長）、市田ひろみ（京都ホテル美容室長）、稲盛和夫（京セラ株式会社社長）、伊吹文明（衆議院議員）、上田篤（大阪大学工学部教授）、上山春平（関西外国語大学教授）、宇高通成（全国金剛流景雲会主宰）、梅棹忠夫（国立民族学博物館長）、梅原猛（京都市立芸術大学長）、岡本道雄（科学技術会議議員）、奥田東（元京都大学総長）、加藤良雄（財団法人大阪21世紀協会専務理事）、川島春雄（株式会社川島織物会長）、清水九兵衛（彫刻家七代六兵衛）、河野卓男（ムーンバット株式会社社長）、小谷隆一（イセト紙工株式会社社長）、坂部三次郎（ダイニック株式会社社長）、佐野豊（京都府立医科大学長）、椎名武雄（日本アイ・ビー・エム株式会社社長）、谷垣禎一（衆議院議員）、ドナルド・キーン（コロンビア大学教授）、永末英一（衆議院議員）、長野克亮（日本放送協会京都放送局長）、波多野進（株式会社地域経済研究所社長）、林田悠紀夫（京都府知事）、藤木忠（大蔵省近畿財務局京都財務事務所長）、前田豊（日本銀行京都支店長）、村田純一（村田機械株式会社社長）、森谷尅久（京都市歴史資料館長）、矢野暢（京都大学東南アジア研究センター教授）、山室英男（日本放送協会大阪放送局長）、湯浅叡子（財団法人千里文化財団専務理事）、湯浅暉久（湯浅電池株式会社副社長）、吉田光邦（京都大学人文科学研究所長）、米山俊直（京都大学教養部教授）

全体の報告書は翌年九月に刊行された。わたしの基調講演もそのなかに載録されている

（註）。ここにその全文を収録した。

（註）梅棹忠夫（著）「二十一世紀の文明」『'84比叡会議報告書 二十一世紀世界における京都』二二―三六ページ 一九八五年九月 日本アイ・ビー・エム株式会社比叡会議事務局

VII 京都文明と日本

第三回の比叡《ひえい》会議は一九八五年一〇月二二日、二三日の両日にわたってひらかれた。そのテーマは「世界文明と京都――京都は世界のために何ができるか」というのであった。

過去二回の比叡会議の総括的評価および第三回テーマの意図するところについて、報告書のなかにつぎのような文章があるので引用する。

「すでに過去二回の会合で、京都のもつかけがえのない〈文化首都〉性は実証されたように思います。そして、この京都がある種の文明的意味をもった装置であるかもしれないという仮説にまで、私たちは踏み込んでいるようにも思います」

こうした経過をうけて第三回はつぎのような趣旨で開催された。

「私たちの使命は、京都の存在意義を人類の文明史的流転と結びつけていくことです。端的にいえば、この町の将来を考えるべき、『世界の中の京都』というモチーフを忘れてはいけないということです」

「ことしはいよいよ、京都のもつ潜在的な創造力、文明形成能力などの掘り起こしと取り組むことになります。それも、世界文明の将来を見通したうえでの気宇壮大な京都論であればなによりです。独創的で柔軟な京都論の噴出を心から期待いたす次第です」

テーマは例によって数度にわたってひらかれた世話人会の席で決定された。世話人のひとり、榊田喜四夫氏は病気で欠席されたが、塚本幸一氏（京都商工会議所会頭）がゲストとして出席された。

会議において、第一セッションは基調講演として梅棹忠夫「京都文明と日本」、第二セッションがヴルピッタ・ロマノ「京都は世界のために何ができるか」、下河辺淳「世界の中の京都」というふたつの講演、第三セッションは「世界と京都」「日本と京都」というふたつの分科会がおこなわれた。翌日は第四セッションの全体討論のあと、第五セッションの総括討論でしめくくった。

今回の会議の出席者はつぎのとおりであった。

伊藤和郎（日本アイ・ビー・エム株式会社専務取締役）、稲盛和夫（京セラ株式会社社長）、伊吹文明（衆議院議員）、上田篤（大阪大学工学部教授）、上山春平（京都国立博物館長）、梅棹忠夫（国立民族学博物館長）、大原謙一郎（株式会社クラレ副社長）、岡田節人（国立岡崎共同研究機構基礎生物学研究所長）、奥田東（元京都大学総長）、木下昌男（日立造船株式会社相談役）、小泉康夫（オール関西株式会社社長）、小谷隆一（イセト紙工株式会社社長）、河野卓男（ムーンバット株式会社社長）、坂部三次郎（ダイニック株式会社社長）、佐野豊（京都府立医科大学長）、椎名武雄（日本アイ・ビー・エム株式会社社

長）、下河辺淳（総合研究開発機構理事長）、末次攝子（大阪府参与）、千登三子（裏千家茶道専門学校校長）、谷垣禎一（衆議院議員）、塚本幸一（株式会社ワコール社長）、永末英一（衆議院議員）、野村直晴（野村株式会社社長）、波多野進（株式会社地域経済研究所社長）、林屋辰三郎（前京都国立博物館長）、廣中和歌子（エッセイスト）、古野喜政（毎日新聞社大阪本社編集局次長）、ヴルピッタ・ロマノ（京都産業大学教授）、森谷尅久（京都市歴史資料館長）、柳原範夫（京都産業大学教授）、矢野暢（京都大学東南アジア研究センター教授）、山室英男（日本放送協会大阪放送局長）、湯浅叡子（財団法人千里文化財団専務理事）、湯浅暉久（湯浅電池株式会社副社長）

会議の全記録は報告書として刊行された。わたしの基調講演もそのなかに載録されている（註）。ここにその全文を収録した。

（註）梅棹忠夫（著）「京都文明と日本」『'85比叡会議報告書 世界文明と京都――京都は世界のために何ができるか』一九―三四ページ 一九八六年八月 日本アイ・ビー・エム株式会社比叡会議事務局

Ⅷ 私家版 京都小事典

『京都大事典』という本がある（註1）Ｂ５判、二一〇〇ページの堂々たる大冊である。京都のことなら歴史的事項も地理的事項も、ひととおりのことは収載されている。たいへん便利な本である。

その『京都大事典』にもかならずしものっていないような話で、京都市民ならたいていは知っている種類のことを、ぼつぼつとしるしてみた。項目は大小さまざま、内容は精疎まちまちで、体系もなにもない。とりとめない雑談を文章にしたものである。この調子でかたりつづけてゆけば、それだけで一冊の本になりそうなので、これくらいでやめておく。

他郷のかたがたに京都に関する情報をおつたえしたいというふくみもあるが、いっぽうでは京うまれ京そだちの一老人が、おなじく京うまれ京そだちの孫たちに、京都人としての常識をはなしてきかせたというたちのものとうけとっていただきたい。私家版と称するゆえんである。市井《しせい》の京都人のあいだにつたわる民間伝承の一種であるとおもっている。したがって他郷のかたがたの耳には、かならずしもこころよくひびかないものもあるかもしれないが、京都の市民の本音がおもわずぽろりとでたものと、わらっておゆるしいただきたい。

「私家版」という語は、もちろん井上ひさし氏の『私家版　日本語文法』の用例にならったものである（註2）。

（註1）佐和隆研、奈良本辰也、吉田光邦ほか（編）『京都大事典』一九八四年一一月　淡交社

（註2）井上ひさし（著）『私家版　日本語文法』一九八一年三月　新潮社

本書は一九八七年八月に刊行された角川選書を文庫化したものです。
文庫化にあたり、著者による加筆・訂正がありました。

京都《きょうと》の精神《せいしん》

梅棹忠夫《うめさおただお》

平成17年 9月25日 初版発行
令和7年 2月15日 12版発行

発行者●山下直久

発行●株式会社KADOKAWA
〒102-8177 東京都千代田区富士見2-13-3
電話 0570-002-301（ナビダイヤル）

角川文庫 13946

印刷所●株式会社KADOKAWA
製本所●株式会社KADOKAWA

表紙画●和田三造

◎本書の無断複製（コピー、スキャン、デジタル化等）並びに無断複製物の譲渡および配信は、著作権法上での例外を除き禁じられています。また、本書を代行業者等の第三者に依頼して複製する行為は、たとえ個人や家庭内での利用であっても一切認められておりません。
◎定価はカバーに表示してあります。

●お問い合わせ
https://www.kadokawa.co.jp/（「お問い合わせ」へお進みください）
※内容によっては、お答えできない場合があります。
※サポートは日本国内のみとさせていただきます。
※Japanese text only

©Tadao Umesao 1987, 2005 Printed in Japan
ISBN978-4-04-376402-0 C0195

角川文庫発刊に際して

角川源義

第二次世界大戦の敗北は、軍事力の敗北であった以上に、私たちの若い文化力の敗退であった。私たちの文化が戦争に対して如何に無力であり、単なるあだ花に過ぎなかったかを、私たちは身を以て体験し痛感した。西洋近代文化の摂取にとって、明治以後八十年の歳月は決して短かすぎたとは言えない。にもかかわらず、近代文化の伝統を確立し、自由な批判と柔軟な良識に富む文化層として自らを形成することに私たちは失敗して来た。そしてこれは、各層への文化の普及滲透を任務とする出版人の責任でもあった。

一九四五年以来、私たちは再び振出しに戻り、第一歩から踏み出すことを余儀なくされた。これは大きな不幸ではあるが、反面、これまでの混沌・未熟・歪曲の中にあった我が国の文化に秩序と確たる基礎を齎らすためには絶好の機会でもある。角川書店は、このような祖国の文化的危機にあたり、微力をも顧みず再建の礎石たるべき抱負と決意とをもって出発したが、ここに創立以来の念願を果すべく角川文庫を発刊する。これまで刊行されたあらゆる全集叢書文庫類の長所と短所とを検討し、古今東西の不朽の典籍を、良心的編集のもとに、廉価に、そして書架にふさわしい美本として、多くのひとびとに提供しようとする。しかし私たちは徒らに百科全書的な知識のジレッタントを作ることを目的とせず、あくまで祖国の文化に秩序と再建への道を示し、この文庫を角川書店の栄ある事業として、今後永久に継続発展せしめ、学芸と教養との殿堂として大成せんことを期したい。多くの読書子の愛情ある忠言と支持とによって、この希望と抱負とを完遂せしめられんことを願う。

一九四九年五月三日

角川ソフィア文庫ベストセラー

古事記
ビギナーズ・クラシックス　日本の古典
編／角川書店

天皇家の系譜と王権の由来を記した、我が国最古の歴史書。国生み神話や倭建命の英雄譚ほか著名なシーンが、ふりがな付きの原文と現代語訳で味わえる。図版やコラムも豊富に収録。初心者にも最適な入門書。

万葉集
ビギナーズ・クラシックス　日本の古典
編／角川書店

日本最古の歌集から名歌約一四〇首を厳選。恋の歌、家族や友人を想う歌、死を悼む歌。天皇や宮廷歌人をはじめ、名もなき多くの人々が詠んだ素朴で力強い歌の数々を丁寧に解説。万葉人の喜怒哀楽を味わう。

竹取物語（全）
ビギナーズ・クラシックス　日本の古典
編／角川書店

五人の求婚者に難題を出して破滅させ、天皇の求婚にも応じない。月の世界から来た美しいかぐや姫は、じつは悪女だった？　誰もが読んだことのある日本最古の物語の全貌が、わかりやすく手軽に楽しめる！

蜻蛉日記
ビギナーズ・クラシックス　日本の古典
右大将道綱母
編／角川書店

美貌と和歌の才能に恵まれ、藤原兼家という出世街道まっしぐらな夫をもちながら、蜻蛉のようにはかない自らの身の上を嘆く、二一年間の記録。有名章段を味わいながら、真摯に生きた一女性の真情に迫る。

枕草子
ビギナーズ・クラシックス　日本の古典
清少納言
編／角川書店

一条天皇の中宮定子の後宮を中心とした華やかな宮廷生活の体験を生き生きと綴った王朝文学を代表する珠玉の随筆集から、有名章段をピックアップ。優れた感性と機知に富んだ文章が平易に味わえる一冊。

角川ソフィア文庫ベストセラー

ビギナーズ・クラシックス 日本の古典
源氏物語
紫式部
編／角川書店

日本古典文学の最高傑作である世界第一級の恋愛大長編『源氏物語』全五四巻が、古文初心者でもまるごとわかる！ 巻毎のあらすじと、名場面はふりがな付きの原文と現代語訳両方で楽しめるダイジェスト版。

ビギナーズ・クラシックス 日本の古典
今昔物語集
編／角川書店

インド・中国から日本各地に至る、広大な世界のあらゆる階層の人々のバラエティーに富んだ日本最大の説話集。特に著名な話を選りすぐり、現実的で躍動感あふれる古文が現代語訳とともに楽しめる！

ビギナーズ・クラシックス 日本の古典
平家物語
編／角川書店

一二世紀末、貴族社会から武家社会へと歴史が大転換する中で、運命に翻弄される平家一門の盛衰を、叙事詩的に描いた一大戦記。源平争乱における事件や時間の流れが簡潔に把握できるダイジェスト版。

ビギナーズ・クラシックス 日本の古典
徒然草
吉田兼好
編／角川書店

日本の中世を代表する知の巨人・吉田兼好。その無常観とたゆみない求道精神に貫かれた名随筆集から、兼好の人となりや当時の人々のエピソードが味わえる代表的な章段を選び抜いた最良の徒然草入門。

ビギナーズ・クラシックス 日本の古典
おくのほそ道（全）
松尾芭蕉
編／角川書店

俳聖芭蕉の最も著名な紀行文、奥羽・北陸の旅日記を全文掲載。ふりがな付きの現代語訳と原文で朗読にも最適。コラムや地図・写真も豊富で携帯にも便利。風雅の誠を求める旅と昇華された俳句の世界への招待。